Die Autoren Formel

Schreibe, veröffentliche und vermarkte dein Buch mit den Tipps von 30 Top-Experten

Janet Zentel
Fabian Zentel

Impressum

1. Auflage
Verlag: z19 ventures UG (haftungsbeschränkt),
Am Haldenacker 3, 79215 Biederbach
Umschlaggestaltung, Satz & Design: Bookerfly Marketing

ISBN: 978-3-9821681-0-4

Bibliografische Information der Deutschen Nationalbibliothek:
Die Deutsche Nationalbibliothek verzeichnet diese Publikation in der Deutschen Nationalbibliografie; detaillierte bibliografische Daten sind im Internet über http://dnb.d-nb.de abrufbar.

Druck: WIRmachenDRUCK GmbH, Backnang

Klimaneutral
Druckprodukt
ClimatePartner.com/12518-1907-1001

Janet Zentel & Fabian Zentel

DIE AUTOREN FORMEL

Schreibe, veröffentliche und vermarkte
dein Buch mit den Tipps von 30 Top-Experten

BOOKerfly

Inhaltsverzeichnis

Vorwort	**9**
Schreibe dein Buch! Jetzt! Ein Interview mit Janet Zentel	**14**
Zeige der Welt wie und woran du arbeitest Ein Interview mit Annika Bühnemann	**22**
Kenne deine Zielgruppe Ein Interview mit Bianca Katzer	**26**
Das Cover ist dafür da, das Buch zu verkaufen Ein Interview mit Casandra Krammer	**32**
Verwandle deine Authentizität in eine Marke und begeistere deiner Leser-Community Ein Interview mit Chris Schröder	**40**
Der rote Faden deines Buches Ein Interview mit Elvira Zeißler	**44**
Traue dir und deiner Stimme Ein Interview mit Eva Maria Nielsen	**48**
Beschäftige dich frühzeitig und intensiv mit deinem Buchmarketing Ein Interview mit Fabian Zentel	**54**
Trenne unbedingt kreatives Schreiben und analytisches Überarbeiten Ein Interview mit Franz Grieser	**60**

Schreibe viel und probiere verschiedene Genres Ein Interview mit Hannah Siebern	**66**
Starte noch heute mit dem Community Aufbau und vernetze dich Ein Interview mit Helen Schmidt	**70**
Fang einfach an! Ein Interview mit Jennifer B. Wind	**74**
Deine angefangene Geschichte ohne Angst zu Ende bringen Ein Interview mit Julia K. Stein	**84**
Mit der Kraft des unterstützenden Mindsets kannst du Berge versetzen Ein Interview mit Julia Lakaemper	**88**
Wie du jede Hürde mit Leichtigkeit nimmst Ein Interview mit Lasse Arabestani	**94**
Bietet euren LeserInnen Qualität Ein Interview mit Laura Kühbauch	**100**
Nutze ein Hörbuch als Marketing Kanal Ein Interview mit Marta Rechul	**104**
Triff bewusst die Entscheidung ein Buch zu schreiben Ein Interview mit Mei Wengel	**112**
Üben, üben, üben Ein Interview mit Melanie Weber-Tilse	**116**
Anfangen ist der Schlüssel, die Routine das Erfolgsrezept Ein Interview mit Michael Tomoff	**120**

Ein guter Buchtrailer kann in nur wenigen Sekunden die Stimmung eines Buches vermitteln Ein Interview mit Milan Grünewald	**124**
Die Zusammenarbeit mit Buchbloggern als perfekte Ergänzung zu deinem Buchmarketing Ein Interview mit Monika Schulze	**128**
Quäl dich nicht mit Selbstzweifeln! Ein Interview mit Sabrina Heilmann	**132**
Täglich Schreiben, um den Autoren-Traum zu verwirklichen Ein Interview mit Sandy Mercier	**136**
Schreiben ist ein Handwerk und das verfeinert man durch Übung Ein Interview mit Sina Müller	**142**
Eat the frog! Ein Interview mit Sonic Blue *(a.k.a. Marcus Meurer)*	**146**
Die Buchmesse als Beginn von wunderbaren Freundschaften Ein Interview mit Steffi Bieber-Geske	**150**
Wie du deine Kreativität mit Metitationen stärken kannst Ein Interview mit Sultan Deniz	**156**
Wie du anfängst ist egal, Hauptsache du fängst an! Ein Interview mit Tanja Wagner	**160**
Anfangen ist besser, als darüber nachzudenken Ein Interview mit Vera Nentwich	**164**
Schlusswort	**168**

Liebe Leserin,
Lieber Leser,

wenn du dieses Buch in Händen hältst, trägst du mit hoher Wahrscheinlichkeit den Wunsch in dir, ein Buch zu schreiben und erfolgreich zu veröffentlichen.
Du träumst davon, dein eigenes Buch in Händen zu halten, einen Stand auf Buchmessen zu haben, dein Buch in der Auslage einer Buchhandlung zu sehen oder mit einem Fachbuch deinen Expertenstatus zu unterstreichen und dein Buch ganz oben auf den Bestsellerlisten zu sehen.

Dein eigenes Buch! Ein Leben als Autor!
Dieses Ziel liegt nun genau vor dir!

Ein Buch zu schreiben und zu veröffentlichen war noch nie so einfach wie jetzt. Und doch gibt es auf dem Weg zum Autor viele Fallstricke und Hürden, die gemeistert werden wollen.

Die gute Nachricht ist aber: Es ist eine wunderbare Zeit um mit deinem Buchprojekt zu starten, denn du findest überall Hilfe und Unterstützung, um dein Buch auf Papier zu bringen! So wie dieses Buch, das du gerade in Händen hältst.

Vorwort

Du liebst es zu schreiben und träumst schon lange davon, dein eigenes Buch zu schreiben? Oder bist du selbst Experte auf einem Gebiet und möchtest deinen Expertenstatus mit einem Buch unterstreichen?

Viele träumen von einem eigenen Buch und die gute Nachricht ist: Es war noch nie so einfach wie jetzt, diesen Traum Wirklichkeit werden zu lassen. Dank der Möglichkeit das eigene Buch selbst zu verlegen, sind wir nicht mehr auf die Gunst der Verlage angewiesen. Und trotzdem scheitern Viele auf dem Weg zum eigenen Buch...

Was früher die fast unüberwindbare Hürde eines Verlagslektoren war, sind heute folgende Probleme:

- Du hast neben Vollzeitjob und Kindern einfach keine Zeit zum Schreiben.
- Du denkst ein Buch zu schreiben und zu veröffentlichen ist mit sehr hohen Kosten verbunden, die sich am Ende nicht lohnen und bist nicht bereit Geld in deinen Traum zu investieren.
- Du bist unsicher, ob du gut genug schreiben kannst.
- Du hast Angst, dass niemand deine Geschichte lesen wird.
- Du weißt gar nicht wie das mit dem Buch schreiben eigentlich funktioniert und kennst dich damit überhaupt nicht aus.
- Du denkst, du findest sowieso keinen Verlag, der dein Buch rausbringt.
- Du hast Angst vor der Technik und beherrschst weder das 10 Fingersystem noch irgendein Schreibprogramm.

- Dir fehlt die Motivation, Kraft und Ausdauer um solch ein Projekt wirklich umzusetzen

Selbstzweifel, Unwissenheit, fehlende Zeit, geringe Motivation und Angst vor der Herausforderung, vor Kosten und dem Aufwand, sind die Hauptgründe, die verhindern, dass du endlich dein eigenes Buch in Händen hältst. Das alles sind Gründe, die dir vermutlich bekannt vorkommen und in denen du dich wiederfindest.

Wer will, findet Wege.
Wer nicht will, findet Gründe.

Es gibt nur eine Frage, die du dir stellen musst und die du ganz ehrlich beantworten musst. Willst du das wirklich?

WILLST DU WIRKLICH EIN BUCH SCHREIBEN?

Denn all die oben genannten Gründe sind Ausreden, die dich davon abhalten es nicht zu tun oder zwar anzufangen aber es nicht durchzuziehen.

Wir nehmen dich an die Hand und helfen dir bei der Umsetzung. Schreiben musst du dein Buch aber selbst und das muss dir klar sein! Lass uns ab jetzt gemeinsam Wege suchen, dein Buch zu schreiben und keine Gründe mehr es nicht zu tun! Mit hoher Wahrscheinlichkeit bist auch du, wie fast jeder in deinem Alltag mit Beruf und Familie schon sehr gut ausgelastet.

Tausende von Büchern verstauben irgendwo halbgeschrieben auf der Festplatte, weil der Autor einfach keine Zeit & Motivation aufbringen konnte um sein Buch fertig zu schreiben. Das soll dir mit deinem Buch nicht so ergehen!

Das Schreiben deines Buches ist also etwas, das zu allem anderen in deinem Alltag noch hinzukommt! Du musst dir die Zeit dafür also ganz bewusst nehmen, anders wird es nicht funktionieren.

DU MUSST ENTSCHEIDEN & PRIORISIEREN: SCHREIBEN IST MIR WICHTIG UND GEHÖRT AB SOFORT ZU MEINEM LEBEN!

Es ist wichtig, dass du weißt und verstehst, warum du etwas tust. Nur dann bist du motiviert und hast genug Leidenschaft um eben diese Motivation aufrecht zu halten und bist auch bereit dafür zu investieren und zu lernen.

Unsere Motivation und unsere innere Haltung wird beim Schreiben oft unterschätzt. Doch genau sie ist es, die uns bis ans Ende durch den Buchprozess trägt oder uns eben auf halber Strecke verlässt und unser Manuskript in der Schublade verstauben lässt.

Aus diesem Grund haben wir uns neben großartigen Experten aus der Schreib- und Buchbranche beim Umsetzungskongress für Autoren auch großartige Mindset & Bewusstseinsexperten ins Boot geholt, die dich mit ihren wertvollen Tipps beim Schreibrozess begleiten.

Experten sind Menschen von denen wir lernen können.

Sie leisten einen unglaublich wertvollen Beitrag auf dem Weg unsere eigenen Träume zu verwirklichen und umzusetzen. Sie helfen uns dabei, wenn wir stecken bleiben, in dem sie uns die wichtigsten Fragen beantworten. Ich selbst habe mir in meinem Leben zu den unterschiedlichsten Themen immer wieder die Hilfe von Experten geholt und bin begeistert von dieser Art der Weiterentwicklung und des Lernens.

Traum, Berufung, Wunsch, Magie

Egal wie du deine Liebe zum Schreiben auch nennst, es fühlt sich besser, glücklicher und schöner an, wenn es mit Leichtigkeit passiert!

Ich bin der festen Überzeugung, dass deine kreative Reise keine schwere Reise sein muss. Sondern, dass du den Weg mit viel Spaß, sprühenden Funken, funkelnden Augen, strahlenden Momenten und Leichtigkeit gehen kannst!

Unsere Mission ist es, dass du dein Buch in Händen halten kannst und deine Reise dorthin liebst!

Wir lieben Bücher und das Schreiben. Deshalb sind wir überzeugt davon, dass Jeder, der eine Geschichte, einen Buchtraum in sich trägt, diesen auch verwirklichen sollte!

Es gibt mehr
Schätze in Büchern
als Piratenbeute auf
der Schatzinsel...
und das Beste ist, du
kannst diesen Reich-
tum jeden Tag deines
Lebens genießen.

- Walt Disney -

JANET ZENTEL

Janet ist selbst Autorin, Gründerin des Online Autoren Camps, Veranstalterin des Umsetzungskongresses für Autoren und unterstützt mit viel Leidenschaft und Herz angehende Autoren auf ihrer Reise zum ersten eigenen Buch.
Zusammen mit ihrer Familie und Labrador Balu lebt sie im wunderschönen Schwarzwald.

WEBSEITE	www.janetzentel.de
	www.onlineautorencamp.de
INSTAGRAM	@janet.zentel.autorin
FACEBOOK	fb.com/groups/OnlineAutorencamp

Ein Interview mit
Janet Zentel

Schreibe dein Buch! Jetzt!

Nimm uns kurz mit in deine persönliche Geschichte. Wie hat alles angefangen und wie bist du zum Schreiben gekommen?

Ich habe das Schreiben tatsächlich schon immer geliebt. Kaum das ich schreiben konnte habe ich damit angefangen, seitenweise Tagbücher zu füllen. Ich habe täglich mehrere Seiten Tagebuch geschrieben und war oft ganz vertieft in dieser Welt des Schreibens. Darüber bin ich heute richtig froh, denn es ist eine unglaublich wertvolle Erinnerung und ich hole meine Tagebücher öfter raus, um beim Lesen meinem kindlichen Ich zu begegnen. In der Schule habe ich Deutsch geliebt. Aufsätze waren meine absolute Lieblingsaufgabe und ich habe damals schon seitenweise das Deutschheft mit meiner Fantasie gefüllt. Diktate waren jetzt zwar nicht mein bester Freund, aber am Schreiben und den Geschichten hatte ich immer Spaß.

So hat es dann tatsächlich auch angefangen. Ich hatte zwar nicht den festen Plan „Autorin" zu werden, aber die 2. Korrektorin, die meinen Deutsch Abschlussaufsatz korrigierte, hinterlies mir an meinem Abschlussaufsatz eine Karte: „Ich hoffe du machst etwas aus deinem Talent." Leider habe ich den Aufsatz erst 5 Jahre nach dem ich schon nicht mehr in der Schule war zur Einsicht abgeholt. Aber das war der Schlüsselmoment, der bei mir den Ausschlag gegeben hat, endlich mit meinem ersten Buch anzufangen. Die Geschichte hatte ich schon lange in mir, aber ich hatte einfach nie die Motivation wirklich anzufangen. Bis zu diesem magischen Moment!

Wie bist du vom Träumen ins Umsetzen gekommen und wie lange hast du für dein erstes Buch gebraucht?

Mein erstes Buch war damals eine wirkliche Quälerei. Gezählt vom ersten Satz an, bis das Buch wirklich veröffentlicht wurde, vergingen tatsächlich fast 5 Jahre. Ich habe immer darauf gewartet, bis mich die Schreibmuse küsst, danach das Buch wieder über Monate auf dem PC verstauben lassen, irgendwann wieder dran gedacht und ein bisschen weitergeschrieben...

Dann habe ich berufsbegleitend per Fernstudium Journalismus und Medientechnik studiert. Hier habe ich zahlreiche Artikel und Blogbeiträge geschrieben und mein handwerkliches Können deutlich verbessert – nur meinem Traum vom eigenen Buch hat mich das keine Seite näher gebracht.

Ich war frustriert, denn ich wollte unbedingt mein Buch in Händen halten und Autorin sein, doch ich habe gemerkt, dass das so nichts wird und habe mir schließlich Hilfe gesucht. Ich habe mich bei der Schule des Schreibens zur Romanwerkstatt eingeschrieben. 3 Jahre lang noch ein berufsbegleitendes Studium. Dieses Mal wirklich mit dem Schwerpunkt „Schreiben“. Ich habe unglaublich viel gelernt, aber tatsächlich hat mich auch das bei meinem Buch nicht weitergebracht. Ich habe die unterschiedlichsten Schreibtechniken kennengelernt, unzählige Aufgaben zum kreativen Schreiben bearbeitet und jede Menge Kurzgeschichten verfasst. Ein wenig fühlte ich mich in dieser Zeit schon als Autorin. Schließlich schrieb ich täglich und erlernte das Handwerkszeug, welches man als Autor braucht. Nur mein eigenes Buch, das wuchs in dieser Zeit kein Stück.

Im letzten Jahr an der Schule des Schreibens ist bei mir dann der Knoten geplatzt. Ich brauchte eine Strategie, die wirklich auf mein Buch einzahlt. Die mich Stück für Stück direkt an meinem Buch weiterbringt. Nicht irgendwelche Übungen nebenbei, keine extra Schreibaufgaben, sondern das Arbeiten direkt an meinem Buch. So entwickelte ich für mich selbst eine „Buch-Schreib-Strategie" – Meinen Autorenkompass. Ich brach mein großes Ziel „Buch" auf viele kleine Teilziele herab und arbeite strategisch Schritt für Schritt und Seite für Seite. Natürlich kam mir dabei Vieles, was ich auf meinem bisherigen Weg gelernt habe sehr zu Gute.

Keine 6 Monate später hielt ich meinen ersten Roman „Wolkenblick" in Händen, das mit einem Verlagsvertrag bei der Münchner Verlagsgruppe veröffentlicht wurde. Ein überwältigendes und atemberaubendes Gefühl, dass ich nie vergessen werde. Mein erstes Buchbaby war geboren. Mit dieser Strategie folgten mehrere Bücher als Ghostwriterin und auch mein 2. Buch „Ducky on Tour" und die Kinderbuchreihe „Igeldi" ließen nicht lange auf sich warten.

Du schreibst nicht nur Bücher, sondern arbeitest auch erfolgreich als Schreibcoach und hilfst anderen Autoren dabei, ihren Traum vom eigenen Buch zu verwirklichen. Welche Vorteile haben Schreibkurse / externe Unterstützung für dich?

Wie mein Weg zum ersten eigenen Buch zeigt, habe ich es auch zunächst allein versucht. Doch als ich merkte, dass ich so nicht weiterkam und mein Traum ein Traum bleiben wird, wenn ich nicht endlich etwas dafür tue, war ich bereit mir Hilfe zu holen. Ich selbst liebe es, mir Unterstützung von Experten zu holen, zu lernen und mich weiterzuentwickeln. Vieles gelingt uns erst, wenn wir bereit und offen dafür sind, Hilfe und Unterstützung zu suchen und anzunehmen. Viele Träume scheitern daran, weil wir davon überzeugt sind es alleine schaffen zu müssen und nicht bereit sind dafür zu investieren.

Meine Erfahrung ist auch, dass man unheimlich viel Zeit spart, viel besser wird in dem was man tut und sehr viel schneller an sein Ziel kommt.

Wie stehst du als Schreibexpertin zum Thema Buchplot? Rätst du deinen Schreibanfängern eher dazu einfach drauf los zu schreiben oder ist eine gute Planung wichtig?

Als Schreibcoach arbeite ich mit einer groben Planung und dem Autorenkompass. Meine Erfahrung hat mir gezeigt, dass es unglaublich hilfreich beim Schreibprozess ist, seine Geschichte zu kennen und einmal aus dem Kopf auf Papier festzuhalten. Es ist eine große Unterstützung beim Schreiben und verhindert die gefürchteten Schreibblockaden.

Wenn ich zusammen mit meinen Schreibreisenden ihren groben Buchplot entwerfe, merken diese schnell, wie befreiend und hilfreich es ist und das es die Kreativität nicht einengt, sondern oft das Gegenteil der Fall ist. Eine grobe Planung hilft außerdem dabei, sich unnötige Überarbeitungsrunden zu ersparen. Man sieht sein Buchbaby viel klarer vor sich und hat eine tiefere Verbundenheit zu seinem Buch. Es erleichtert das Schreiben sehr.

Hier eine kleine Hilfe Stellung für deinen Plot:

- Was ist das Thema deines Buches? Was möchtest du deinen Lesern vermitteln? Kannst du dein Thema in maximal drei Sätzen zusammenfassen?
- Wer ist dein Hauptdarsteller (Protagonist)? Was sind seine Stärken und Schwächen?
- Wer ist der Gegner (Antagonist) deines Protagonisten? Was treibt ihn an?
- Welche Charaktere spielen noch eine wichtige Rolle in deiner Geschichte?
- Wie sieht die Welt in deinem Buch aus?
- Was ist der Hauptkonflikt? Welche Nebenkonflikte gibt es?
- Welche Wendepunkte / unerwartete Handlungen / Überraschungen gibt es in deiner Geschichte?
- Wie geht deine Geschichte aus (Ende / Lösung)?

Stichwort Marketing: Was ist dein persönlicher Marketingtipp, der dir hilft, dich und deine Bücher bekannt zu machen?

Social Media ist hier als Selfpublisher deifinitiv das Zauberwort. Auch wenn es dich zunächst etwas Überwindung kostet - Social Media bietet dir so viele Möglichkeiten. Nimm deine potenziellen Leser mit auf deine Schreibreise. Bau dir eine Community auf. Zeig ihnen an was du arbeitest und lass sie Teilhaben an deinem Autorenleben. Mein persönlicher Tipp: Eine Autorenseite auf Instagramm!

Kenne deine **Zielgruppe** und richte dein Marketing danach aus. Du kannst nichts schreiben, was allen gefällt. Wer Liebesromane liebt, mag wahrscheinlich keine Thriller. Versuche nicht alle Menschen zu erreichen, sondern konzentriere dich auf deine Zielgruppe.

Ein weiteres spannendes Thema ist **Newsletter Marketing**. Im Zusammenspiel mit einem Social Media Auftritt, solltest du auch einen Newsletter aufsetzen. Diesen kannst du über Social Media bewerben und so nach und nach eine Liste mit interessierten Lesern aufbauen. Im Newsletter kannst du über deine Schreibfortschritte, deine Bücher, Veranstaltungen und Pläne informieren. Tatsächlich funktioniert der Verkauf von Bücher über Newsletter sehr gut.

Was sind deine ultimativen Tipps für Schreibanfänger?

Höre auf Ausreden zu suchen und fang einfach an zu schreiben. Sei bereit dafür, Zeit für deinen Traum zu investieren und treffe die Entscheidung: **Schreiben ist mir wichtig und gehört zu meinem Leben dazu!**

Gib nicht auf, sondern hole dir **Unterstützung** in Form von Ratgebern, Coaches, Kursen, wenn du alleine nicht weiterkommst.

Trenne Schreiben und Bearbeiten / Korrigieren streng voneinander. Wenn du deine gerade geschriebenen Sätze immer gleich korrigierst, blockierst du direkt deinen kreativen Schreibprozess. Denn Schreiben und Korrigieren sind zwei absolut unterschiedliche Prozesse. Außerdem führt das ständige Korrigieren sehr schnell zu Unzufriedenheit und Zweifeln. Besser: Einfach drauf losschreiben und zu einem späteren Zeitpunkt überarbeiten.

Suche dir Gleichgesinnte und tausche dich mit ihnen aus! Es kann unglaublich motivierend sein, sich mit Menschen zu umgeben, die den gleichen Traum haben und die gleichen Ziele verfolgen! Ich lade dich herzlich in meine Facebookgruppe: **„Buch schreiben mit Leichtigkeit“** ein!

Üben, üben, üben. Nur wenn du schreibst, kannst du ein Buch schreiben!

Bücher sind Schiffe, welche die weiten Meere der Zeit durcheilen.

- Francis Bacon -

ANNIKA BÜHNEMANN

Annika Bühnemann ist die Gründerin des Blogs „vom Schreiben leben“ und unterstützt Autor_innen mit Beiträgen, Videos, Schreibkursen, Marketingkursen und Workshops dabei, bessere Bücher zu schreiben, mehr zu verkaufen und letztlich vom Schreiben leben zu können. Sie schreibt selbst Thriller und lebt mit ihrer Familie an der Nordsee.

WEBSEITE	www.vomschreibenleben.de
INSTAGRAM	@vomschreibenleben.de
YOUTUBE	vomschreibenleben

Ein Interview mit
Annika Bühnemann

Zeige der Welt, wie und woran du arbeitest

Nimm uns kurz mit in deine persönliche Geschichte. Wie hat alles angefangen und wie bist du zum Schreiben gekommen?

Geschrieben habe ich schon immer, aber wirklich ernst wurde es bei mir in einer Phase der beruflichen Neuorientierung, als ich Anfang 20 war. Ich habe, weil ich zufällig ein paar Wochen Zeit hatte, eine Idee für einen Roman aufgeschrieben und beim NaNoWriMo 2012 das Manuskript dazu geschrieben. Ein Dreivierteljahr später habe ich mein Debüt veröffentlicht und seitdem den Traum verfolgt, vom Schreiben leben zu können.

Wie bist du vom Träumen ins Umsetzen gekommen und wie lange hast du für dein erstes Buch gebraucht?

Zum Schreiben der Rohfassung habe ich nur etwa sechs Wochen gebraucht (der Text war qualitativ allerdings eher fragwürdig …) und gemeinsam mit einer Lektorin habe ich mehrere Monate an den diversen Überarbeitungen gearbeitet. Insgesamt habe ich ungefähr 9 Monate gebraucht, bis mein erster Roman im Selfpublishing veröffentlicht wurde.

Du schreibst nicht nur Bücher sondern arbeitest seit Jahren auch erfolgreich als Schreibcoach und hilfst anderen Autoren dabei ihren Traum vom Schreiben zu leben. Welche Vorteile haben Schreibkurse / externe Unterstützung für dich?

Es ist immer wieder erstaunlich, wie blind man für seine eigenen Texte ist (deshalb arbeite ich heute noch regelmäßig mit unterschiedlichen Lektor_innen zusammen und mache selbst immer wieder Kurse mit, um meinen Blick weiter zu schulen). Wenn man jemanden hat, der einem ganz konkrete Verbesserungshinweise an seinem eigenen Text aufzeigen kann, gibt einem das einen immensen Wachstumsschub in seinen Fähigkeiten. Oder einfach ausgedrückt: Man wird schneller besser, wenn man Unterstützung hat.

Wie stehst du als Schreibexpertin zum Thema Buchplot? Rätst du deinen Schreibanfängern eher dazu einfach drauf los zu schreiben oder ist eine gute Planung wichtig?

Ich glaube, es ist wichtig, beides zu probieren und dann für sich zu entscheiden, wie viel Planung notwendig ist. Sehr oft höre ich von Autor_innen, dass sie „nicht planen können", weil ohnehin nichts nach Plan läuft, wenn sie schreiben, aber wenn wir dann mal zusammen einen Plan erstellen und ich konkret nach den Motiven, Hintergründen und Gedanken der einzelnen Figuren frage – woraus sich große Teile des Plots ergeben – stellen die meisten fest, dass eine gewisse Planung hilfreich ist und gleichzeitig unnötigen Überarbeitungsrunden vorbeugt.

Stichwort Marketing: Was ist dein persönlicher Marketingtipp, der dir hilft, dich und deine Bücher bekannt zu machen?

Oh, da gibt es einige.

- Zeige der Welt, wie und woran du arbeitest
- Hab keine Angst, schon heute anzufangen, auch wenn du noch

nichts veröffentlicht hast
- Sei dir im Klaren, ob du Leser_innen ansprechen willst oder auf der Suche nach Autor_innen zum Austausch bist und richte deine Beiträge dementsprechend auf diese Zielgruppe aus
- Finde heraus, welche Beiträge gut ankommen und warum und mache mehr davon.

Was sind deine ultimativen Tipps für Schreibanfänger?

1. Lies Schreibratgeber und setze das Gelesene so gut du kannst um
2. Schreibe deinen ersten Entwurf und sei dir darüber im Klaren, dass du noch viel Arbeit hineinstecken wirst
3. Lerne, wie man „Show, don't tell" einsetzt und berücksichtige alle Sinne bei deinen Beschreibungen

BIANCA KATZER

Als Positionierungsprofi ist es meine Mission, aus dir eine Limited Edition zu machen. Heute werden besonders Einzelkämpfer im Meer der Möglichkeiten und der großen Konkurrenz entweder gar nicht erst wahrgenommen oder sie sind vergleichbar und austauschbar. Da hilft nur eins: Raus aus der breiten Masse! Gemeinsam positionieren wir dich über deinen Expertenstatus und als Persönlichkeit, so dass du mit deiner Marke ganz klar Profil zeigst!

#fuckmainstream #powerpositionierung

WEBSEITE

www.zielcoach-marketing.de

Ein Interview mit
Bianca Katzer

Kenne deine Zielgruppe

Nimm uns kurz mit auf deine persönliche Reise. Wie hat alles angefangen? Was hat für dich den Ausschlag gegeben, dass du Marketing Expertin geworden bist?

Ich habe eine Zeit lang in einem Marktforschungsinstitut gearbeitet, habe dort Werbe-Kampagnen ausgewertet und trotz eindeutigem Ergebnis, hat die Marketingabteilung der Firmen sehr oft anders entschieden. Da habe ich das erste Mal gemerkt, welche Macht Marketing hat. Gegründet habe ich dann 2005 mit einer Firma, die sich auf die Außenwirkung von Firmen spezialisiert hat. Der Aufhänger dafür waren unhöfliche bzw. unsichtbare Baumarktmitarbeiter. Was dort an Potential verloren ging, wollte ich nicht länger mit ansehen und so war meine Firma „Image Quotient" geboren. Erst einige Jahre später habe ich meine eigene Positionierung mit dem Schwerpunkt „Positionierung" gefunden. Solange war ich mit „Irgendwas mit Marketing" recht erfolgLOS unterwegs...

Es heißt immer, man muss vom Träumen in die Umsetzung kommen, wenn man seine Träume realisieren möchte. Hast du bestimmte Strategien / Herangehensweisen, die dir dabei helfen in die Umsetzung zu kommen?

Eins vorweg: Ich bin Umsetzungsspezialist. „Nicht machen“ ist für mich keine Option!

Am meisten hilft mir eine gute Planung, die mich Schritt für Schritt, Aufgabe für Aufgabe, Tag für Tag meinem Ziel näherbringt. Dafür nutze ich die sogenannte Rückwärtsplanung. Die Frage lautet: Wenn ich zu einem bestimmten Zeitpunkt xy erreichen will, WAS muss ich dann WANN erledigt haben. An die daraus resultierenden ToDos und Deadlines halte ich mich sehr diszipliniert.

Wenn ich merke, dass ich trotzdem etwas immer wieder hinauszögere und verschiebe, dann steckt etwas dahinter – meist irgendeine Angst. Die schaue ich mir an und hinterfrage, warum mir etwas so schwerfällt. Im besten Fall finde ich eine Lösung, die es mir einfacher macht. Wenn ich z.B. eine Verkaufsmail nicht schreiben mag, dann wird sie eben in eine Content-Mail umfunktioniert mit einem Verkaufsteaser im P.S.: Besser als gar nicht zu schreiben! Funktioniert bei mir immer! Kurz gesagt:

1. Plane und 2. mach es dir einfach!

Stichwort Marketing. Für Autoren - gerade für Selfpublisher ein super wichtiges Thema und doch wird es oft vernachlässigt. Welche Marketing Strategien legst du Autoren ans Herz?

Fachbuchautoren sollten zunächst die Expertenstrategie wählen. Sich also zu EINEM Thema einen Namen machen. Diesen Expertenstatus müssen sie auch deutlich nach außen zeigen. Das beinhaltet ein gutes Selbstbewusstsein und den Mut sich auf ein Thema – zumindest auf ein Dachthema - festzulegen. Um sich als Experte zu positionieren, hilft es über die eigenen Bücher hinaus zu zeigen, was man auf seinem Gebiet kann. Das können Vorträge sein, weitere Publikationen wie Gastbeiträge, vielleicht sogar längere und tiefergehende Videos bei Youtube zum Fachthema. Die Kompetenz hat hier Vorrang vor der Persönlichkeit.

Bei der Belletristik kann die Persönlichkeit (Personal Branding) im Vordergrund stehen. Auch wenn ich selber nur Fachbücher lese, ist mir Sebastian Fitzek ein Begriff. Ich kenne seinen Namen, sein Gesicht und aus den Medien sogar einiges aus seinem Alltag. Er zeigt sich und hat es geschafft eine Personenmarke aufzubauen. Hier sind Marketing Kanäle wie Instagram oder Facebook Lives großartig. Persönlichkeit und Sympathie sind die wichtigen Faktoren.

Natürlich funktionieren beide Strategien auch jeweils andersrum oder ergänzen sich. Auch der Charakter des Autoren spielt eine entscheidende Rolle, wie er sich positioniert und welche Marketingstrategie für ihn richtig ist. Wenn man gar keine Idee fürs Marketing hat, würde ich es so wie beschrieben angehen. Besser als gar nicht!

Als Autor ist es wichtig, seine Zielgruppe zu kennen. Dennoch gehen viele mit der Einstellung „Mein Buch schreibe ich für Jeden, das kann lesen wer will" an das erste Buch heran. Kannst du uns einen Einblick in die Marketing Welt geben und warum es als Autor unerlässlich ist, seine Zielgruppe zu kennen?

Einen Leser macht man dann glücklich (und zum Stammleser), wenn er ganz in das Buch eintauchen kann. Wenn er zusammen mit dem Buch das bekommt, was er gerade braucht. Das kann eine simple Schritt-für-Schritt-Anleitung, pure Gänsehaut oder dringend nötige Herzenswärme sein. Um den Leser genau DA zu treffen, muss man wissen, was er sich wünscht, welche Sprache ihn abholt, in welchen Situationen kennt er sich aus oder wäre er gerne. Dieses „Abholen des Lesers", also die Aufmerksamkeit zwischen all den anderen Büchern, fängt bereits beim Cover an, geht über den passenden Titel, weiter zum mitreißenden Klappentext und dann erst zum eigentlichen Inhalt.
Würde man ein Buch schreiben, dass es ALLE abholt, wäre es sicher

flach und viel zu allgemein!

Wie sagt man so schön: „Sprich alle an und du erreichst niemanden!"

Nicht umsonst gibt es in Buchläden die Sortierung nach bestimmten Interessensgebieten (nichts anderes als Zielgruppensegmentierung) – Kochbücher, Reiseführer, Krimis oder Kinderbücher. Würde jeder sein Buch an alle Leser verkaufen wollen, sehe das so aus: ALLE Bücher stehen in den Regalen nebeneinander und jeder Leser müsste sich durch ALLE Bücher durchwühlen. Was passiert? Der mögliche Käufer gibt spätestens nach dem 10 Buch oder der ersten Reihe auf. Und kauft gar nicht!

Was ist dein ultimativer Umsetzungstipp für Autoren, den man direkt in die Tat umsetzen kann?

Wie man aus den oberen Antworten sicher schon erraten kann, ist die Festlegung einer Zielgruppe der heißeste Tipp!

Alle weiteren (Marketing-)Aktivitäten hängen von dieser Basis ab. Farben des Covers, Titel (lang, kitschig, nur ein Wort) Länge und Inhalt des Klappentextes, welche Kanäle wählt man für die Vermarktung, die Länge des Buches, die Detailtiefe, die Wortwahl, das Layout der Seiten – ALLES hat eine Auswirkung auf den idealen Kunden.

Folgende Fragen sollte man als Auto beantworten können:

- Wo liegt mein fachlicher Schwerpunkt und mein größtes Interesse (Genre)? Wenn ich Liebesromane liebe, muss ich nicht Krimis schreiben, nur weil diese sich aktuell gut verkaufen.
- Wie ist seine Sprache? Locker, emotional, bildlich, nüchtern – dabei sind sicher auch demographische Merkmale wie Alter, Herkunft, Geschlecht und Bildung wichtig.

Und die wichtigste Frage, deren Antwort auf jeden Fall klar sein muss:

- Wann und WARUM liest mein idealer Leser meine Bücher? Abends im Bett zum Abschalten, im Urlaub als Softlektüre, in der Bahn, um die graue Außenwelt nicht zu sehen, um sich das Privatleben zu erleichtern (Erziehungsratgeber z.B.) oder für das Business. Welches Bedürfnis will er stillen, welches Problem lösen, in welche Welt will er abtauchen?

Beim Schreiben sollte man für diesen EINEN IDEALEN Kunden schreiben! Keine Angst, so unterschiedlich sind die Menschen nicht, wo ein idealer Kunde ist, gibt es auch immer noch sehr viele andere!

Und noch ein kleiner Tipp: Wir selbst sind unserem idealen Kunden oft sehr ähnlich. Das erleichtert das Hineindenken in den Leser und damit das Schreiben.

CASANDRA KRAMMER

Eine Buchdesignerin mit Liebe für Antihelden, gebrochene Herzen und schicksalhafte Begegnungen
Die Leidenschaft für Kunst wurde Casandra in die Wiege gelegt. Mit ihrem Urgroßvater als Hamburger Bühnenbildner und ihrem Vater als Maler hat sie schnell selber zum Pinsel gegriffen. Anfang 2010 vereinte sie ihre Liebe für Kunst und Literatur und begann, Buchcover für Verlage und Self-Publisher zu gestalten. 2013 machte sie sich als Coverdesignerin selbständig. Mittlerweile hat sie viel gelacht, philosophiert, gelesen, geschrieben und sich selbst Photoshop beigebracht – nicht unbedingt in dieser Reihenfolge – und ist auf der Suche nach neuen Herausforderungen, die sie genauso glücklich machen, wie ihre Arbeit.

HOMEPAGE www.casandrakrammer.de

INSTAGRAM @casandra_krammer

FACEBOOK fb.com/CasandraKrammer

Ein Interview mit
Casandra Krammer

Das Cover ist dafür da, das Buch zu verkaufen

Nimm uns kurz mit in deine persönliche Geschichte. Wie hat alles angefangen und wie bist du Buch Cover Designerin geworden?

Mein Weg zum ersten Buchcover war etwas unorthodox. Vor 13 Jahren habe ich angefangen, Fanfictions zu schreiben. Nach einiger Zeit bin ich aus dieser Welt ausgebrochen und habe eigene Geschichten geschrieben – meistens Fantasy. 2010 habe ich mich bei einer Bücherplattform namens BookRix angemeldet. Die Community ist heute einer der führenden Self-Publishing Anbieter für Ebooks. Damals gab es dort eine große Community mit einem aktiven Forum, Schreibwettbewerben und interessanten Profilen. Die Geschichten konnten kostenlos gelesen werden und man konnte dort auch ein Buchcover hochladen. Zu der Zeit hatte ich gerade angefangen mir Photoshop beizubringen. Meistens habe ich Signaturen für Foren und Wallpapers von berühmten Büchern und Bands gemacht. Für meine Bücher habe ich auch einige Cover gestaltet und so sind andere Hobby-Autoren auf mich aufmerksam geworden.

Es ein gutes Jahr gedauert, bis ich ein echtes Angebot von einem Verlag für die Gestaltung von einem Coverdesign bekommen habe. Um ehrlich zu sein, war ich sehr nervös, weil ich noch nie etwas für ein echtes, gedrucktes Buch gemacht habe. Der Auftrag ging dann auch noch in die Hose, weil ich keine Ahnung hatte, wie man so eine Datei eigentlich anlegt.

Trotz der Niederlage haben mir Buchcover Spaß gemacht und ich habe weiterhin für befreundete Autoren gestaltet. Das Self-Publishing war zu dem Zeitpunkt stark im Kommen und es gab kaum Designer, die sich in dem Bereich auskannten.

Heute würde ich sagen, dass ich viel Glück gehabt habe. Damals war die Nachfrage nach guten und günstigen Designern groß und der Markt war so neu, dass man sich in kurzer Zeit eine gute Kundschaft aufbauen konnte. Damals bin ich noch zur Schule gegangen und habe das nebenbei gemacht. Über die Jahre ist das Selbstveröffentlichen von Büchern zu einem immer größeren Thema geworden und ich habe mich einfach mit dem Markt weiterentwickelt.

Wie bist du vom Träumen ins Umsetzen gekommen und was ist dein ultimativer Tipp, wenn man seine Träume verwirklichen möchte?

Gute Frage. Es gibt ein Unterschied zwischen Träume, die nur schön sind, weil man sie träumen kann und solche, die man umsetzen will. Vielleicht möchtest du ein berühmter Autor sein und Leser haben, die deine Bücher wertschätzen. Aber du möchtest dir auf keinen Fall die 2 Jahre antun, die es vielleicht braucht, um einen ersten, guten Roman zu schreiben. Das sind viele einsame Stunden, die mit viel Disziplin und Fokus verbunden sind.

Ich tue mich heute immer noch schwer damit, Projekte – oder Träume – umzusetzen, weil am Anfang immer ein riesiger Berg am Anfang steht. Außerdem will ich zu viel zu schnell. Das ist einer der Sachen, die uns am Ende auch daran hindern, die Dinge anzugehen, die wir gerne umsetzen wollen.

Der erste Schritt, um ein Herzenswunsch zu verwirklichen, ist es, das Projekt in die Realität zu holen. Was meine dich damit? Zum einen solltest du dir Gedanken machen, was du machen willst und bis wann es fertig sein soll. Heutzutage schreibe ich mir solche Projekte in mein Jahreskalender. So bringe ich das Projekt in die Realität und integriere es in mein Arbeitsalltag. Es ist viel besser zu sagen „Ich will ein Buch bis Ende 2020 geschrieben haben“ als „ich möchte irgendwann mal ein Buch schreiben“.

Danach sollte man sich bewusste werden, dass Sachen meistens nie nach Plan laufen. Vor alledem, wenn man etwas zum ersten Mal macht. Ich kenne viele Kollegen und Autoren – und ich gehöre da auch dazu – die etwas Neues anfangen, sich einen Plan machen und hinschmeißen, wenn es schwer wird oder wenn sie ihre Ziele nicht in der gedachten Zeit erreichen. Sobald ich sehe, dass ich vor solchen Hürden stehe, trete ich ein Stück zurück und evaluiere das, was ich bereits geschafft habe. Daraus lässt sich oft ein neun, realistischerer Zeitplan festlegen. Dabei sollte man ehrlich mit sich sein und auch nachsichtig mit einem umgehen. Ich habe mir viel zu oft Vorwürfe gemacht, wenn Projekte nicht nach Plan gelaufen sind oder das Ergebnis am Ende anders war, als das was ich mir ausgedacht habe.

Der erste Versuch ist genau wie der erste Pfannkuchen – meistens krumm und misslungen aber wenigstens wissen wir jetzt, wie heiß die Pfanne gehört und ob wir noch etwas mehr oder weniger Öl benötigen. Dabei versuche ich meine Zufriedenheit weniger an dem Erfolg des Projekts als an der Lernkurve zu messen.

Es fällt leicht, Erfolg und Misserfolg an externen, kaum zu beeinflussbaren Faktoren festzumachen. Wie zum Beispiel Anzahl der verkauften Bücher, Kundenrezensionen oder das Kräftemessen mit anderen Autoren. Aber wenn wir das so betrachten, können wir nur verlieren. Vielleicht war es nicht der richtige Zeitpunkt, um zu veröffentlichen, vielleicht haben wir das Buch zu günstig angeboten oder wir sind an die falschen Leser geraten. Das sind meistens Sachen, die nur bedingt unserer Kontrolle unterliegen.

Wer seine Träume verwirklichen möchte, sollte eine Sache mitbringen: Zeit.

Wir hören und gerne Geschichten über Autoren an, die über Nacht mit ihrem Debütroman zum Bestseller geworden ist. Die wenigstens sprechen aber darüber, dass 90-Prozent der erfolgreichen Autoren nicht so viel Glück hatten und den langen, harten Weg gehen mussten. Stephen Kind hat bis heute über 50 Romane und 100 Kurzgeschichten geschrieben. Was viele nicht wissen, er hat vor seinem Erfolg mit Carrie viele Romane und Kurzgeschichten geschrieben, die alle abgelehnt worden sind und in den Papierkorb wanderten. Bevor Bloomsbury Harry Potter herausbrachte, lehnten um die 12 Verlage das Manuskript ab.

Beide Autoren haben an sich und an ihre Projekte geglaubt. Der Unterschied ist, dass Kind sich nach einer Niederlage wieder an die Schreibmaschine gesetzt hat, während Rowling ganz fest an Harry geglaubt hat.

Aus diesem Grund hoffe ich, dass du genug Geduld mit dir und deinem Traum hast. Am Ende wird es sich lohnen, den steinigen Weg zu gehen.

Warum ist ein gutes Buchcover so wichtig und auf was sollte man unbedingt achten?

Das Cover ist in erster Linie dafür da, dein Buch zu verkaufen. Ein gutes Cover zeigt dem Leser, mit was für einem Genre er es zu tun hat und für welche Zielgruppe es geschrieben ist. Zum Beispiel sind Liebesromane für Frauen ab 40 anders aufgebaut als Liebesromane für jugendliche. Darüber hinaus sollte das Design ästhetisch sein. Ich sage ganz bewusst nicht „schön“, weil viele Designer mit verschiedenen Emotionen arbeiten, so kann Abscheu oder ein „hässliches“ Motiv ein gewähltes Stilmittel sein.

Wer gute Buchcover gestalten will, sollte sich in der Bücherlandschaft auskennen und sich die wesentlichen Merkmale der verschiedenen Genres angucken. Wichtig ist auch, dass der Autor sehr ehrlich bei der Einschätzung der Zielgruppe ist. Wenn die Antwort auf die Frage, wer dein Buch lesen soll „jeder" ist, solltest man nochmal in sich gehen. Es gibt einen Unterschied zwischen dem was wir wollen und der Realität. Jugendbücher werden oft von Erwachsenen gelesen, dennoch ist das Cover auf junge Leute ausgelegt. Die Leser haben sich über die Jahre an eine gewisse optische Einteilung der Genres gewohnt. Wer mit diesen Regeln bricht, zieht oft die falschen Leser an und das kann in Enttäuschungen enden.

Im letzten Schritt braucht man dann jemand, der die visuellen Elemente professionell zusammensetzen kann. Wer also kein Grafikdesigner ist oder nicht genau weiß, wie r mit seinem Bearbeitungsprogramm umgehen kann, sollte auf keinen das Cover selbst machen.

Wie findet man einen guten Cover Designer?

Coverdesigner gibt es wie Sand am Meer. Man findet viele von uns in verschiedenen Facebook Gruppen, auf Instagram, Webseiten wie www.selfpublishingmarkt.de oder man fragt Google.

Ein guter Designer präsentiert sich meisten mit einer ansprechenden Webseite und einem Portfolio. Designer ist nicht gleich Designer. Es ist wichtig, dass man jemand findet, der Ahnung von Buchcovern hat und in dem Genre gestaltet, in dem man selbst schreibt. Ich zum Beispiel designe viele Sachbücher, Liebesromane, Thriller, New Adult, romantische Fantasy und Jugendbücher. Wer epische Fantasy, Horror, Kinderbücher oder historische Romane schreibt, der sollte lieber jemand anderes aufsuchen.

Das Portfolio ist der wichtigste Hinweis darauf, ob der Designer gute Arbeit leistet oder nicht. Wenn die Cover so aussehen, als könnten sie auch in der Buchhandlung liegen und sie stehen Verlagstiteln in nichts nach, ist man auf einer guten Fährte.

Darüber hinaus würde ich mich bei befreundeten Autoren und Kollegen erkundigen, mit welchen Anbietern sie die besten Erfahrungen hatten.

Was sind deine ultimativen Tipps für Schreibanfänger?

Trau dich, dein Buch zu beenden. Viele zu oft sehe ich Autoren, die 100 Projekte anfangen und keines davon beenden. Hab keine Angst davor, schlecht zu schreiben, du hast immer die Möglichkeit das Manuskript am Ende zu überarbeiten oder neu zu schreiben. Übung macht wie immer den Meister.

Bilde dich weiter! Da draußen gibt es so viel – kostenloses – Material, um das Schreibhandwerk zu lernen oder zu verbessern. Lass ich aber nicht von den ganzen Regeln lähmen.

Dein erstes Buch muss kein Bestseller werden und auch nicht das zweite oder dritte. Es ist viel wertvoller einen guten Workflow zu erhalten und sich stetig zu verbessern als direkt nach den Sternen zu greifen und wegen Kleinigkeiten zu verzweifeln.

Es wird immer Menschen geben, denen deine Bücher nicht gefallen. Es ist demnach sehr wertvoll, wenn du konstruktive Kritik von Hass unterscheiden kannst. Nimm dir Zeit, die Kritikpunkte zu reflektieren und daraus zu lernen.

Lerne den Prozess zu lieben und schaffe dir eine Routine. Die meisten meiner Kunden, die vom Schreiben leben sehen ihr Manuskript als ganz normale Arbeit. Man setzt sich morgens an das Manuskript und tippt sein Tagesziel.

Wer auf die Inspiration wartet, der wird sich schwer damit tun, ein Buch zu beenden. Ich habe gemerkt, dass die Inspiration erst kommt, wenn ich am Tippen bin – das kann eine Zeit lang dauern und an manchen Tagen komme ich gar nicht in den Groove. In solchen Momenten bin ich aber froh, dass ich es zumindest versucht habe.

Es ist okay, wenn man sich Tipps holt oder mal guckt, welche Schreib- oder Marketingstrategien andere benutzen. Du solltet dein Erfolg aber niemals mit anderen messen. Gerade in Zeiten von Social Media bekommen wir oft ein verklärtes Bild der Realität zu sehen. Wer erfolgreich ist, hat in den meisten Fällen unfassbar viel Arbeit oder Geld in ein Projekt gesteckt. Diese Tatsache ist für viele unbefriedigend, aber es ist die Wahrheit.

Sei geduldig und gut zu dir. Ich sehe viel zu viele Autoren, die große Erwartungen an sich haben und dann enttäuscht sind, wenn sie diese nicht erfüllen können. In den letzten Jahren habe ich gemerkt, dass es sehr wichtig ist, sich selbst und seine Arbeitsweise kennenzulernen. Ich persönlich schreibe nicht jeden Tag. Wenn ich mich dann aber an das Manuskript setze, haue ich gut und gerne 3-4 Tausend Wörter raus. Dann bin ich wieder eine Woche mit etwas anderem beschäftigt und das ist in Ordnung.

Egal was du machst, mach es, weil du es möchtest und nicht, um anderen Menschen etwas zu beweisen. Das Mag sich im ersten Moment gut anfühlen, aber am Ende entfernst du dich von den Dingen, die dir wichtig sind.

CHRIS SCHRÖDER

In den letzten 10 Jahren konnte Chris als Brandbuilder und Online Marketing Spezialist sein Wissen in unterschiedlichen Bereichen des Grafik- und Webdesigns, Marketings und der Unternehmensführung - sowohl in großen Konzernen als auch in eigenen Unternehmen - anwenden. Weil er selbst Bücher liebt, steht er heute als Experte ambitionierten Autoren zur Seite, die ihren Traum vom eigenen Buch erfolgreich verwirklichen möchten. Dabei ist ihm besonders wichtig, mit nützlichen Tipps Autoren dabei zu helfen, ihren ganz eigenen Weg .zu finden, die persönlichen Ziele zu erreichen

WEBSEITE www.bookerfly.de

INSTAGRAM @bookerfly.marketing

Ein Interview mit
Chris Schröder

Verwandle deine Authentizität in eine Marke und begeistere deiner Leser-Community

Nimm uns kurz mit in deine persönliche Geschichte. Was hat für dich den Ausschlag gegeben, dich mit den Themen Branding und Marketing zu beschäftigen?

Schon als Kind hatte ich eine Fähigkeit, die man heute wohl „Storytelling" nennen würde. Mich haben schon immer die Geschichten hinter den Marken fasziniert und wie der Aufbau von nachhaltigen und erfolgreichen Marken- und Marketingstrategien funktioniert. Nach längjähriger Recherche und meiner Tätigkeit als Gründer, Marketingleiter und Autor entwickelte ich mich zum Experten für diese Themen und freue mich heute, Autoren dabei zu unterstützen, ihre ganz eigene, starke Marke aufzubauen, die letztlich das widerspiegelt, was auch das Erfolgsgeheimnis hinter den Büchern sein sollte: Die Einzigartigkeit des Autors.

Gibt es universelle Regeln und Gesetze an, die sich jeder halten sollte, der eine Marke aufbauen will?

Stelle Dir dein bisheriges Leben als ein Buch vor, in dem jeder Tag eine Seite füllt. Jedes Lebensjahr ein Kapitel. Du kannst immer wieder eine neue Seite aufschlagen und ein neues Kapitel beginnen, aber was bleibt sind die Erinnerungen und deine persönlichen Erfahrungen aus den bereits gefüllten Seiten. Diese Einzigartigkeit, deine persönliche

Vergangenheit und Prägung, fließt in jede neue Seite und in jedes neue Kapitel mit ein, ganz natürlich und unterbewusst. Genau diese einzigartige Vorgeschichte macht deine Autorenmarke zu etwas Besonderem. Meine goldene Regel für den Aufbau einer erfolgreichen Autorenmarke ist daher, diese Authentizität in eine Marke zu übertragen und deine Leser-Community mit Themen und Bücher zu begeistern. Dein Markenkern besteht aus dem, was deine Leser aufgrund der bisherigen Seiten deines persönliches Lebensbuches nicht wissen können – dein einzigartiger Autorenfingerabdruck. Damit schaffst du einen Wiedererkennungswert sowohl in deiner Marke als auch in deinen Büchern.

Was bringt mir eine Autorenmarke?

Eine Autorenmarke ist von Vorteil, um langfristig in den Köpfen der Leserinnen und Leser zu bleiben und nachhaltig die Verkaufsförderung positiv zu beeinflussen. In der Regel bleibt es ja nicht bei einem Buch, es folgen weitere. Ein gutes Buch zu schreiben ist heutzutage nur die halbe Miete. Die Arbeit geht danach direkt weiter. Dabei empfiehlt es sich, wenn man nicht nur kurzfristig in die Bekanntheit seines Buches investiert, sondern langfristig in seine eigene Marke.

Welche Strategien kann man anwenden, um zur Marke zu werden?

Um heute auf dem Buchmarkt erfolgreich zu sein, und unter der Masse an Selfpublishern hervorzustechen, empfehle ich drei konkrete Strategien:

1. Nicht jedes Buch muss ein Beststeller sein, aber zumindest ein sehr gutes Buch. Was ich damit sagen möchte ist, dass man bei allem Marketing, Selbstdarstellung, Markenaufbau, Social Media & PR, den eigentlichen Kern dessen nicht vergessen sollte, worum es geht: Das Schreiben. Entwickel deinen einzigartigen Schreibstil, begeistere deine Leser und finde deine eigenen Themen, denn nur so wirkt das authentisch, was ich Dir als nächstes empfehle.

2. Sei unverwechselbar! Bemühe dich als Autor um ein unverwechselbares Auftreten. Deine Social Media Kanäle, die Bilder aus deinem Alltag, deine Leidenschaft für bestimmte Themen, dein Schreibstil – in allem sollte man eines wiedererkennen: Dich! Wenn Dir das gelingt, dann fehlt nur noch eines:
3. Eine hervorstechende Optik. Das fängt bei deinen Social Media Kanälen an, geht über deine Bildsprache bis hin zum Buchcover. Um aus der breiten Masse positiv herauszustechen, empfehle ich ein einheitliches und einzigartiges Grafikdesign, welches deine Marke und dein „Image“ widerspiegelt. Nur so gelingt es Dir, nachhaltig bei deinen Lesern in Erinnerung zu bleiben und bei Postings, Newslettern, neuen Buchveröffentlichungen und Ads eine Assoziation mit deiner Marke herzustellen.

Was sind deine ultimativen Umsetzungstipps für Autoren, die sie direkt in die Tat umsetzen können?

Passend zu den oben genannten Strategien, hier die passenden, ultimativen Umsetzungstipps um direkt starten zu können:

1. Arbeite heraus, was dich als Autor einzigartig macht. Für welche Themen hast du eine besondere Leidenschaft. Was wäre der Titel deines bisherigen Lebensbuches? Für welche Werte stehst du?
2. Erarbeite ein „digitales persönliches Erscheinungsbild“. Lege eine charakteristische Farbe, Schriftart, Bildsprache und ein Logo fest, um kanalübergreifend ein einheitliches Bild abzugeben.
3. Trete mit deinen Leserinnen und Lesern in Kontakt und baue eine Community auf. Wenn du eine Leidenschaft für die Themen hast, über die du schreibst, dann füttere deine Community kontinuierlich mit Teasern, Updates und weiteren Inhalten um deine Marke in den Köpfen deiner Leser zu verankern. Lass Dir außergewöhnliche Dinge einfallen, wie ein wöchentlicher Newsletter, ein Ask-me-Anything Chat oder spezielle Lesungen, die zu deinem Buch und deiner Marke passen.

ELVIRA ZEISSLER

Elvira Zeißler - je nach Genre auch Ellen McCoy oder Ella Zeiss genannt - lebt mit ihrem Mann und ihren zwei Töchtern in der Nähe von Köln. Seit über 20 Jahren schreibt sie mit großer Begeisterung fantastische und gefühlvolle Geschichten, die ihre Leser die Welt um sie herum für ein paar Stunden vergessen lassen. Insgesamt hat sie bisher 27 Romane veröffentlicht. Mit ihrer authentischen Familiensaga „Tage des Sturms" gewann Elvira Zeißler den Kindle Storyteller Award 2018.

WEBSEITE www.elvirazeissler.de
INSTAGRAM @elvirazeissler
FACEBOOK fb.com/elvira.zeissler

Ein Interview mit
Elvira Zeißler

Der rote Faden deines Buches

Nimm uns kurz mit in deine persönliche Reise. Wie hat alles angefangen und wie bist du zum Schreiben gekommen?

Ich gehöre zu den Autoren, die eigentlich „schon immer" geschrieben haben. Zunächst waren es Gedichte und Kurzgeschichten, bis ich mit 17 die Arbeit an meinem ersten Roman begonnen hatte. Ich habe schon immer unglaublich viel gelesen, es gab einige Bücher, die mich tief beeindruckt hatten und manche, die mich im Vergleich dazu eher enttäuscht zurückließen. Daher hatte ich mit 17 einfach beschlossen, selbst ein Buch zu schreiben, das ich gern lesen würde.

Wie bist du vom Träumen ins Umsetzen gekommen und wie lange hast du für dein erstes Buch gebraucht?

Ich hatte mich eigentlich gar nicht lange mit Träumen aufgehalten, sondern direkt losgelegt. Die Idee war in meinem Kopf so präsent, dass ich, nachdem die ersten paar Seiten geschrieben waren, den ganzen Roman kapitelweise grob durchgeplottet hatte. Dieses Gerüst hatte mich acht Jahre lang beim Schreiben begleitet. Ich hatte das Manuskript immer wieder aus der Schublade geholt und daran weitergearbeitet. Zum Teil lagen mehrere Monate zwischen den einzelnen Schreibphasen und ich denke, dass ich ohne den Plot unweigerlich den roten Faden und damit auch die Lust am Schreiben verloren hätte. So wusste ich jedoch immer, wo ich war, und was als nächstes geschehen sollte. Mein Ziel war damals übrigens, einfach nur zu sehen, ob ich es schaffen kann, eine komplexe Geschichte von Anfang bis zum Ende zu erzählen.

Was war für dich die größte Hürde auf dem Weg zum eigenen Buch und wie hast du diese gemeistert?

Wenn man von dem „am Ball Bleiben" absieht, war meine größte Hürde damals eher die Buchveröffentlichung als das Schreiben an sich. Im Jahr 2005 gab es noch kein Selfpublishing, wie wir das heute kennen und das Internet war auch nicht so angefüllt mit Autorenratgebern, Communities oder sonstigen Hilfeseiten. Ich hatte mich daher recht blauäugig auf die Suche nach einem Verlag gemacht und natürlich unzählige Absagen kassiert, bis das Buch 2007 schließlich in einem Kleinverlag erschienen war.

Was sind deine Erfahrungen beim Thema Buchveröffentlichung und was kannst du angehenden Autoren mit auf den Weg geben?

Es gibt heutzutage unzählige Möglichkeiten, sein Buch zu veröffentlichen. Ich würde auf jeden Fall empfehlen, sich im Vorfeld gut über die einzelnen Vor- und Nachteile zu informieren. Außerdem sollte man sich selbst klar darüber werden, welche Ziele man persönlich mit der Buchveröffentlichung verfolgt: Möchte man ein möglichst breites Publikum ansprechen? Liegt einem das Thema besonders am Herzen? Möchte man sich selbst verwirklichen? Möchte man vom Schreiben leben? Was bedeutet einem ein Verlagslabel neben dem eigenen Namen? Außerdem sollte man sich über die Zielgruppe Gedanken machen und dann prüfen, auf welchem Weg man diese Zielgruppe und sein persönliches Ziel am besten erreichen kann. Dabei spielen auch individuelle Vorlieben und Fähigkeiten eine wichtige Rolle. Außerdem finde ich die Erkenntnis hilfreich, dass man immer wieder neue Wege ausprobieren kann, bis man den passenden für sich findet.

Stichwort Marketing: Was ist dein persönlicher Marketingtipp, der dir hilft, dich und deine Bücher bekannt zu machen?

Zum einen ist es der persönliche Dialog mit den Lesern, die ich nach und nach zu einer eigenen Community aufbaue. Zum anderen ist es die enge Zusammenarbeit mit Bloggern, die für mich bei jedem Buchprojekt unverzichtbar ist.

Einen kleinen Einblick in deinen Schreiballtag. Setzt du dir Schreibziele oder wartest du immer darauf, dass dich die Muse küsst?

Da ich hauptberuflich schreibe, kann ich nicht länger darauf warten, dass mich die Muse küsst. Von daher habe ich für jedes Buchprojekt einen Zeitplan und bringe in der Schreibphase jede Woche zwischen 11.000 und 15.000 Wörter zu Papier. Dabei schreibe ich ausschließlich zu den Zeiten, wenn meine Kinder in der Schule sind, also Montag bis Freitag zwischen 8:30 und 14:00 Uhr.

Was sind deine ultimativen Tipps für Schreibanfänger?

Gerade für den Anfang finde ich einen Plot oder zumindest einen roten Faden sehr hilfreich, damit man sich nicht zu sehr verstrickt oder mittendrin die Lust verliert. Zumindest das angestrebte Ende sollte bei Schreibbeginn auf jeden Fall in Grundzügen bekannt sein, so dass man jede Szene daran ausrichten kann. Durchhaltevermögen ist außerdem äußerst wichtig. Wenn man wirklich ein Buch fertigstellen will, darf man sich weder von Lustlosigkeit oder Zweifeln noch von Rückschlägen entmutigen lassen. Das alles gehört zum Schreib- und Veröffentlichungsprozess dazu. Ich kann aus eigener Erfahrung berichten, dass das Gefühl, wenn man sein Erstlingswerk schließlich in den Händen hält, einen für all das entschädigt.

EVA MARIA NIELSEN

Hej, ich bin Eva Maria Nielsen, Bücherfrau so lange ich zurückdenken kann. Als Lektorin und Autorin (Ann-Kristin Vinterberg) kenne ich die Herausforderungen des Buchmarktes von beiden Seiten des Tisches. Ich gebe dir Tipps, wie du deinen Text so optimierst, dass die Lektorin weniger zu tun hat. Als Autorencoach kümmere ich mich vor allem darum, dass du dich aus dem Mainstream heraushebst und deine eigene Autorenstimme kultivierst. Ich will dir helfen, dass du eine Work-Life-Balance findest. Tja, erraten, wo ich lebe? Genau, in Dänemark, wo Work-Life-Balance einfach dazu gehört …
Ich freue mich auf dich.

WEBSEITE
www.lektoratderrotefaden.de
www.annkristinvinterberg.de
FACEBOOK
fb.com/LektoratDerRoteFaden/
fb.com/annkristinvinterberg/

INSTAGRAM
@evamaria.nielsen
@annkristin.vinterberg

Ein Interview mit
Eva Maria Nielsen

Traue dir und deiner Stimme

Nimm uns kurz mit auf deine persönliche Reise. Wie hat alles angefangen und wie bist du zum Schreiben gekommen?

Der Traum vom Schreiben war schon da, als ich Kind war, aber es dauerte lange, bis ich ihn verwirklich habe.

Wie bist du vom Träumen ins Umsetzen gekommen und wie lange hast du für dein erstes Buch gebraucht?

Ich habe jahrelang für die Schublade geschrieben, weil ich mich nicht traute, mit meinen belletristischen Texten an die Öffentlichkeit zu gehen. Irgendwann, nachdem eine Autorin mir verriet, dass Weihnachtsromane sich gut verkaufen, habe ich mich mitten in den Sommerferien hingesetzt, die Füße in eine Schüssel mit Eis gestellt und mir Tannengrün, Zimt und Schnee vorgegaukelt. Das Buch „Schneefrau küsst Schneemann“ habe ich innerhalb von vier Monaten geschrieben, lektoriert und korrigiert und dann herzklopfend in die Welt geschickt. Allerdings unter dem Pseudonym Ann-Kristin Vinterberg, weil ich erst einmal sehen wollte, ob das überhaupt jemand liest. Und es gab so viele Leser, dass ich heute noch schreibe.

Du schreibst nicht nur Bücher, sondern arbeitest seit Jahren auch erfolgreich als Lektorin. Warum ist ein gutes Lektorat wichtig und worauf sollten angehende Autoren achten?

Das Lektorat ist sehr wichtig. Ich sehe das immer, wenn ich meine Romane ins Lektorat gebe. Ich bin Lektorin, ich müsste es doch so gut können, aber sowohl meine Lektorin als auch meine Korrektorin finden immer noch Fehler. Die Wahrheit ist: Man wird blind für seinen Text; alles erscheint dem Autor einleuchtend, logisch und klar, aber der Leser fragt sich schon: „Warum handelt denn diese Person jetzt so? Das verstehe ich wirklich nicht." Genau diese Fragen stellt eine gute Lektorin auch. Sie legt den Finger darauf, wenn ich abschweife, zu viele Nebenstränge einbaue usw. Oder es gibt peinliche Pannen wie, dass aus einem Giovanni ein Giuseppe wird. Oder Klara plötzlich braune, statt blaue Augen hat. Lektoren sind dazu da, mit dir das Beste aus deinem Text herauszuholen. Ich arbeite mit meinen Kunden nicht nur mit der Sprache, sondern zuerst immer mit dem Plot, den Charakteren, schaue mir die Übergänge der Szenen an, finde Längen und Füllwörter. Lektoren sind nicht zu ersetzen – und das sage ich nicht, weil es mein Job ist. Wenn du mich als Lektorin engagierst, helfe ich dir, dir und deiner Geschichte die richtige Stimme zu geben, damit du noch besser in der Welt gehört wirst. Ich kann nur jedem raten, weder beim Lektorat noch beim Korrektorat zu sparen – und diese zwei Runden in verschiedene Hände zu legen. Denn Lektoren arbeiten mit Sprache, Inhalt und Personen. Korrektoren gehen auf Fehlersuche, entlarven Flüchtigkeits- und Kommafehler und vieles mehr.

Viele Autoren scheuen die Kosten eines Lektorats. Wie ist deine Einstellung dazu und hast du hier Tipps?

Klar, vor allem, wenn du als Selfpublisher unterwegs bist, kommen Kosten auf dich zu, wenn du deine Karriere als Autor/In ernst nimmst. Bei Verlagsautoren übernehmen die Verlage das Lektorat, das Korrektorat und die Covergestaltung. Als Selfpublisher musst du dich selbst darum kümmern. Das ist oft viel Geld, aber sparen sollte man sich diese Dienstleiter und Fachfrauen und -Männer nicht. Ich biete verschiedene Arten von Lektorat an, je nachdem wieviel Geld der Kunde investieren kann und will. Wenn du ganz neu im Metier bist, solltest du dir wenigstens ein Lektorat der ersten 50 Seiten gönnen, damit du ein Gespür für die Schwachstellen deines Textes entwickelst und wie du den Rest verbessern kannst. Dann kann ich aber leider nicht den Spannungsbogen des gesamten Romans und die Figurenentwicklung beurteilen. Ansonsten, wenn kein Geld in der Kasse ist: Etwas warten mit dem Buch und auf den Urlaub verzichten.

Ist das Selbstlektorat eine gute Alternative?

Wir haben gesehen, warum ein gutes Lektorat/ Korrektorat/ Cover wichtig sind. Dein Buch ist dein Aushängeschild als Autor/In. Geld sparen kannst du, indem du selbst gute Vorarbeit leistest. Überarbeiten und überarbeiten und überarbeiten. Darum gebe ich dir Tipps für ein gutes Selbstlektorat. Umso weniger die Lektorin zu arbeiten hat, umso billiger wird es für dich. Als Lektorin habe ich keine festen Preise auf meiner Homepage, sondern ich gebe dir einen Preis ausgehend von deinen Wünschen und der Qualität deines Textes. D.h. man kann vieles verhandeln, auch wenn man ein kleineres Budget hat. Was kannst du machen? Viel ...

- Bitte geübte Testleser, deinen Roman zu lesen, und gib ihnen eine Liste mit Fragen – die du selbst hast und die dir helfen.
- Notiere dir deine Lieblingsworte, die den Text nur aufblähen, Worte wie *denn, bloß, auch, sehr,* ... Überlege dir genau, ob du diese Worte brauchst. Manchmal sind sie notwendig, in einem Dialog zum Beispiel, aber ansonsten sind sie oft überflüssig.
- Lese den Text laut, dann hörst du, wo es holpert, und wo du stilistisch noch arbeiten solltest.
- Gebrauche die Satzzeichen, mache so viele Punkte und Abschnitte wie möglich, vor allem, wenn du Unterhaltungsliteratur schreibst. Wenn du etwas einfacher sagen kannst, dann mach das.
- Überlege, ob jede Szene die Handlung vorantreibt. Gibt es genug

Konfliktpotential in deinen Szenen? Wenn deine Testleser sich irgendwo gelangweilt haben oder Lust hatten, ein paar Seiten zu überspringen, dann ist das ein untrügliches Zeichen, dass du noch einmal über den Text gehen solltest.

Wie stehst du als Schreibexpertin zum Thema Buchplot? Rätst du Schreibanfängern eher dazu einfach drauf los zu schreiben oder ist eine gute Planung wichtig?

Menschen sind verschieden. Regeln gibt es, damit man sie bricht, aber man sollte die Regeln zumindest kennen und sie dann bewusst brechen. Ich mache immer wieder die Erfahrung, dass man, wenn man ohne Plot losschreibt, oft kein Gerüst hat und die Geschichte sich schnell totläuft. Oder der Autor braucht beim Überarbeiten viel Zeit, um die Geschichte zu straffen, Nebenstränge hinzuzufügen oder zu eliminieren … Ich glaube an eine gute Mischung von freiem Schreiben und Planung. Ein Plot und auch eine Szenenfolge sind eine gute Investierung. Du wirst spüren: Das ist das Gerüst, an dem ich mich festhalten kann. Ich weiß immer, wo ich weiterschreiben muss, wenn ich mich hinsetze. Das hilft der Kreativität. Aber manchmal werden deine Personen auch eigensinnig und wollen aus dem Plot herausbrechen. Dann musst du ihnen ihre Freiheit lassen und den Plot noch einmal nachjustieren. Aber das grobe Gerüst sollte schon da sein. Ich helfe dir gern beim Coaching, wenn die Figuren dir auf der Nase herumtanzen oder du ins kreative Nirvana abdriftest.

Was sind deine ultimativen Tipps für Schreibanfänger?

Traue dir und deiner Stimme, lies, notiere dir Worte, schau den Leuten aufs Maul, verschling gute Bücher wie andere ihre Softdrinks nuckeln. Wir werden, was wir lesen …

Lesen stärkt die Seele.

- Voltaire -

FABIAN ZENTEL

Fabian ist Digital Marketing Experte und kann als Leseratte jederzeit in einer Buchhandlung abgegeben werden. Zwar schreibt er als Co-Autor und Ghostwriter manchmal auch selbst, doch seine Spielwiese hat er vor allem hinter den Kulissen gefunden, wo er im Marketing und mit der Technik leidenschaftlich gern neue Dinge ausprobiert. Gemeinsam mit seiner Frau Janet ist er einer der Köpfe hinter dem Umsetzungskongress und dem Online Autoren Camp.

WEBSEITE www.bookerfly.de

www.onlineautorencamp.de

INSTAGRAM @bookerfly.marketing

Ein Interview mit
Fabian Zentel

Beschäftige dich frühzeitig und intensiv mit deinem Buchmarketing

Nimm uns kurz mit auf deine persönliche Reise. Wie hat alles angefangen? Wie bist du zum Thema Buchmarketing gekommen?

Seit frühester Kindheit bin ich eine Leseratte. Während meine Familie shoppen war, haben sie mich einfach in einem Buchladen abgegeben und ich habe mich stundenlang dort beschäftigen können und Bücher gewälzt. Wie es der Zufall dann so will, bin ich heute mit einer Schriftstellerin verheiratet, die angefangen hat, sich mit dem Schreiben und als Coach für Autoren ein zweites Standbein aufzubauen. Mit vielen Berufsjahren im Konzern sowie einer eigenen Digital Agentur, liegt mein Background im (Online) Marketing und vor allem technischen Produktmanagement. Daher durfte ich Janet von Anfang an bei diesen Themen unterstützen und mittlerweile sind wir als Partner in unserem eigenen Unternehmen tätig und können unsere Begeisterung für tolle Bücher voll ausleben.

Es heißt immer, man muss vom Träumen in die Umsetzung kommen, wenn man seine Träume realisieren möchte. Hast du bestimmte Strategien / Herangehensweisen, die dir dabei helfen in die Umsetzung zu kommen?

Ich habe früher sehr viel geträumt, geplant, viel recherchiert und war schon sehr perfektionistisch veranlagt. Das Problem dabei ist, dass man einfach nicht vorankommt. Wenn man jede Mail 5-mal liest bevor man sie rausschickt, ist das nicht sehr produktiv. Mittlerweile ist meine Devise „Better done than perfect." Ich warte also nicht erst bis ich alle Informationen zusammen habe, bis ich die zehnte Überarbeitung finalisiert habe oder bis ich 100% zufrieden bin, sondern zwinge mich die relevanten Punkte abzuarbeiten, zu erledigen und dann abzuhaken. Das bedeutet natürlich nicht, immer schlechte Qualität abzuliefern, sondern es geht darum, sich nicht selbst zurück zu halten. Die E-Mail wird also noch mal kurz überflogen und dann direkt abgeschickt. Anders gesagt: Einfach machen! Nachjustieren kann man später immer noch. Wenn ich merke, dass ich in den alten Modus zurück falle, dann sage ich einfach diesen Satz „Better done than perfect" zu mir selbst und zwinge mich zu MACHEN und Ergebnisse zu produzieren.

Was mir auch hilft ist es, meine Zeit zu planen. Ich persönlich nutze dafür Das SELFJournal, eine Art Tagebuch, und plane und priorisiere die Aufgaben die zu erledigen sind. Dabei konzentriere ich mich dann voll diese Aufgaben abschließend umzusetzen. Dieser Fokus ist meiner Meinung nach sehr entscheidend und hilft, um mich nicht ablenken zu lassen oder doch in andere Themen abzutauchen. Meistens plane ich am Vorabend schon die notwendigen Tasks und erledige den Wichtigsten davon gleich als erstes am nächsten Morgen.

Stichwort Marketing. Für Autoren - gerade für Selfpublisher ein super wichtiges Thema und doch wird es oft vernachlässigt. Welche Marketing Strategien legst du Autoren ans Herz?

Leider fällt das Thema Marketing oft erst zum Schluss auf, wenn du das Buch schon veröffentlicht ist und die Verkaufszahlen vielleicht nicht so sind wie erwartet. Dabei ist Marketing im Allgemeinen und natürlich auch das Buchmarketing heutzutage von immenser Bedeutung. Das ist gar nicht negativ zu verstehen, in dem Sinn, dass man Leuten etwas aufquatschen muss. Es geht im Gegenteil einfach darum, dass in der ganzen Informationsflut da draußen, die guten Bücher die Leser fin-

den, die an ihnen Spaß haben, sich an ihnen erfreuen oder eben genau dieses Buch brauchen.
Einer der wichtigsten Tipps ist, sich schon frühzeitig mit dem Thema Marketing zu beschäftigen. Dabei kann man weit vor Buchveröffentlichung in sozialen Medien bereits erste Fans und Follower aufbauen, sich mit dem Thema E-Mail Liste beschäftigen, oder etwa die bestehenden Fans schon während der Entstehung des nächsten Buches auf die Reise mitnehmen und sich natürlich mit dem Thema Buchlaunch beschäftigen. Im Online Marketing sind dabei natürlich Themen wie Facebook Advertising, Werbung auf Amazon und Portale wie lovelybooks, buchdeals etc. besonders spannend. Doch auch offline Maßnahmen wie Buchmessen, Lesungen und Veranstaltungen gehören zum Marketing Konzept dazu.

Was kannst du Autoren raten, die auf Facebook Werbung schalten wollen?

Neben der bezahlten Werbung empfehle ich auf jeden Fall die organischen Möglichkeiten zu nutzen und deine Profile attraktiv, informativ und aktuell zu gestalten. Wenn du zusätzlich bezahlte Werbung schalten möchtest, sollte deine Zielstellung ganz klar sein. So kannst du zum einen Werbeanzeigen schalten um als Autor deine Bekanntheit zu steigern und eine Fanbase aufzubauen, beispielweise indem die Anzeigen auf deine Webseite verweisen. Auf dieser können sich die Interessenten dann für deinen Newsletter eintragen und du kannst darüber in Kontakt treten, Hintergrundinformationen teilen und später Buchveröffentlichungen bekannt machen. Der Vorteil hier ist, dass du direkten Kontakt zu deinen Fans hast.

Ganz generell kannst du natürlich ebenso konkrete Aktionen und einzelne Bücher bewerben, wobei das Ziel ist, dass die Interessenten einen Kaufvorgang starten (und abschließen). Die genaue Strategie und einzelnen Werbebeiträge sind hier individuell abhängig von deinem Ziel, deinen Büchern und Vertriebswegen.

Worüber du dir vorab auf jeden Fall Gedanken machen solltest, ist deine Zielgruppe. Wie erreichst du deine Leser auf Facebook oder Instagram? Welche Seiten haben diese noch geliked? Welche Interessen haben sie? Welche anderen Bücher und Autoren lesen sie?

Grundsätzlich bietet der Werbeanzeigenmanager von Facebook hier unheimlich viele Optionen. Dabei ist das Testen und Ausprobieren von verschiedenen Varianten sehr sinnvoll. Du kannst die gleiche Werbung an verschiedene Zielgruppen ausspielen, oder in einer Anzeigengruppe den gleichen Text mit verschiedenen Bildern der gleichen Zielgruppe zeigen. Anhand der Zahlen, wie Anzahl der Klicks und Kosten pro Klick, siehst du dann was am besten funktioniert. Dafür musst du am Anfang natürlich etwas mehr Arbeit und Geld in die Werbung stecken, was sich langfristig hingegen auszahlen wird.

Die Herausforderung ist es, die Anzeigen und das gesamte Marketing so zu gestalten, dass es sich finanziell lohnt. Die Ausgaben für die gesamte Werbung müssen natürlich langfristig unter den Einnahmen liegen. Dafür solltest du dir eine Werbebudget setzen und die Zahlen im Blick behalten. Wenn du dich erst in die Werbeplattform einarbeitest, dann kalkuliere die Lernkurve ebenfalls mit ein.

Was ist dein ultimativer Umsetzungstipp für Autoren, den man direkt in die Tat umsetzen kann?

Beschäftige dich frühzeitig und intensiv mit dem Buchmarketing für deine Bücher! Mein Umsetzungstipp um besser bei der Online Vermarktung deiner Bücher zu werden ist es, dir genau zu überlegen was, wie und an wen du werben möchtest. Dann schau dir bestehende Werbung genau an und untersuche, welche Werbung dich in deinem Facebook Feed, bei Instagram, oder bei Amazon anspricht. Alle diese Anzeigen speicherst du am besten als Screenshot in einem so genannten „Moodboard“ irgendwo ab und lernst so wie Werbung funktioniert. Erstelle dann Anzeigen nach einem ähnlichen Schema für deine Bücher oder deine Autorenseite, teste verschiedene Varianten aus und miss genau was dir zu deinem Ziel verhilft.

Do one thing everyday that scares you

- Eleanor Roosevelt -

FRANZ GRIESER

Franz ist 58 Jahre alt und lebt in der Nähe von München. Er arbeitet als Schriftsteller, Coach, Schreibtrainer und Gestalttherapeut. In den letzten 35 Jahren hat er 28 Fachbücher geschrieben, u. a. über Zeitmanagement, Perfektionismus, Persönlichkeitsentwicklung und nachhaltiges Leben. Als Schreibcoach unterstützt er Menschen dabei, (wieder) in den Schreibfluss zu kommen, angstfrei zu schreiben, ein großes Schreibprojekt (etwa ein Buch) in den Griff zu bekommen oder dabei, sich schreibend gut verständlich auszudrücken.
Mehr dazu unter www.der-schreib-coach.de

WEBSEITE

www.der-schreib-coach.de

Ein Interview mit
Franz Grieser

Trenne unbedingt kreatives Schreiben und analytisches Überarbeiten!

Nimm uns kurz mit in deine persönliche Geschichte. Wie hat alles angefangen und wie bist du zum Schreiben gekommen?

Das ist lange her. Ich habe, seitdem ich Lesen kann, viel gelesen. Erst einmal alles, was die Bücherei in meiner Schule hergab, später die im Internat. Natürlich viel Abenteuerliteratur, Karl May beispielsweise, aber auch Jungendfassungen von Klassikern wie Tom Sawyer und „Der letzte Mohikaner". Zu schreiben begonnen habe ich erst nach der Pubertät, nachdem ich Hesse entdeckt hatte. Erst einmal orientiert an Vorbildern wie Kafka, Brecht, Hemingway. Kurz nachdem ich nach der Ausbildung zum Dolmetscher und Übersetzer ins Berufsleben eingestiegen bin, gab es eine Zäsur: Ich habe jahrelang nichts Literarisches mehr geschrieben. Es hatte davor einige Erlebnisse gegeben, nach denen ich überzeugt war: Was ich schreibe, taugt nichts, ich bin nicht gut genug, das hat alles keinen Sinn. Ich habe dann den vermeintlich leichteren Weg gewählt und bin auf Sach- und Fachtexte ausgewichen.

Wie bist du vom Träumen ins Umsetzen gekommen und wie lange hast du für dein erstes Buch gebraucht?

Einige meiner ersten Übersetzungen habe ich für Verlage angefertigt. Einer davon veröffentlichte Computerbücher, und die Bücher, die ich aus dem Amerikanischen eindeutschte, waren nicht besonders gut geschrieben. In einem Gespräch mit dem Lektor sagte ich, ich könnte das besser. Und so kam es, dass ich mein erstes Buch zu einer Software schrieb und dabei - auch mithilfe des Lektors und einiger Testleser - viel über Didaktik lernte. An dem Buch habe ich etwa ein Jahr geschrieben, weil ich parallel dazu noch einen Übersetzungsauftrag fertigstellen musste.

Du schreibst nicht nur Bücher, sondern arbeitest seit Jahren auch erfolgreich als Schreibcoach und hilfst anderen Autoren dabei, ihren Traum vom Schreiben zu leben. Welche Vorteile haben Schreibkurse / externe Unterstützung für dich?

Für mich gibt es drei Arten des Lernens:

1. Learning by doing oder Trial and error. Also erst einmal selbst loslegen, ausprobieren und erleben, was funktioniert und was nicht.
2. Lernen von Modellen oder Vorbildern: Dabei lerne ich Dinge, auf die ich selbst nicht gekommen wäre. Oder ich spare mir Zeit, weil jemand das, was ich lernen will, schon vorstrukturiert und aufbereitet hat.
3. Selber lehren oder selber ein Buch zum Thema schreiben. Das ist die aufwendigste, aber letztlich befriedigendste Art, mein Wissen und meine Fähigkeiten zu erweitern.

Um deine Frage zu beantworten: Gezielt ausgewählte Kurse sparen mir Zeit und geben mir die Möglichkeit, vom Wissen und den Fähigkeiten anderer zu profitieren. Externe Unterstützung in Form von Coaching- und therapeutischen Sitzungen oder Supervision helfen mir, mein Tun zu reflektieren, neue Perspektiven einzunehmen und Hürden zu überwinden, vor denen ich gerade stehe.

Wie wichtig ist für angehende Autoren das Thema Persönlichkeitsentwicklung?

Aus meiner Sicht - und das ist die Sicht eines Autors, Coachs und Gestalttherapeuten - ist Persönlichkeitsentwicklung für Autor*innen extrem wichtig. Vieles, was uns als Autor*innen das Leben und Schreiben schwer macht, ist psychologischer Natur. Als Autor*innen haben wir immer wieder mit Selbstzweifeln und dem Gefühl zu kämpfen, nicht gut genug zu sein (bzw. zu schreiben). Wir haben häufig einen inneren Kritiker, der nicht nur das kritisiert, was wir geschrieben haben, sondern uns als Person infrage stellt. Wir gehen oft auch mit Überzeugungen durch unser Leben, mit denen wir unsere Handlungsmöglichkeiten einschränken („ich kann nicht ...“, „ich darf nicht ...“). All das sind Themen, die unsere Persönlichkeit betreffen. Und zwar ganz tief drinnen, da, wo es am meisten wehtut. Deshalb halte ich persönliche Weiterentwicklung - und letztlich eine Heilung seelischer Wunden - für unabdingbar, wenn man als Autor oder Autorin ein zufriedenes, erfülltes Leben führen will.

Persönlichkeitsentwicklung heißt für mich auch nicht Selbstoptimierung. Für mich geht es um Selbstakzeptanz. Persönliche Veränderung funktioniert nach meiner Erfahrung nicht über Druck, Selbstdisziplin oder Willenskraft, jedenfalls nicht nachhaltig. So Veränderung geschieht über Selbstannahme, so paradox das klingen mag. Um es in den Worten des Psychologen und Psychotherapeuten Carl Rogers zu sagen: „Wenn ich mich so akzeptiere, wie ich bin, dann verändere ich mich.“ Wenn ich lerne, mich so zu akzeptieren, wie ich bin - mit allen Schwächen und mit meinen Stärken (die zu akzeptieren fällt manchen noch schwerer) -, dann werde ich innerlich frei und kann mich um mich und meine Bedürfnisse kümmern. Und dann werfen mich keine Rückschläge mehr um, wie wir sie beim Schreiben immer mal wieder erleben.

Wie stehst du als Schreibexperte zum Thema Buchplot? Rätst du deinen Kunden eher dazu, einfach drauf los zu schreiben, oder ist eine gute Planung wichtig?

Ich empfehle allen, erst einmal mit ein wenig Planung anzufangen - auch denen, die es gewohnt sind, einfach drauflos zu schreiben. Mir gibt der Plot oder - bei Sachtexten - die Gliederung Struktur. Ich weiß, wo ich hin will und auch - grob - wie ich dort hinkomme. Was ich nicht mache und auch nicht empfehle: Alles im Detail planen und dann erst mit dem Schreiben beginnen. Mir reicht ein grober Fahrplan, die genaue Route ändert sich während der Reise erfahrungsgemäß ohnehin immer wieder. Wichtig ist: Den Plan nicht als in Stein gemeißelt betrachten. Denn dann wird er zum Korsett, das die Kreativität einschränkt. Bei meinen frühen Romanversuchen hatte ich den Plot für das erste Drittel ganz genau ausgearbeitet. Nur hatte ich da die Rechnung ohne meine beiden Protagonisten gemacht - die wollten ganz klar in eine andere Richtung. Hätte ich damals nur auf die beiden gehört, statt mich krampfhaft an meinen Plot halten zu wollen, dann wäre das Projekt wahrscheinlich nicht in einer Sackgasse gelandet.

Was sind deine ultimativen Tipps für Schreibanfänger?

Mein wichtigster Tipp für alle Schreibenden: Trenne die beiden Phasen „Schreiben“ und „Überarbeiten“. Viele Autor*innen machen einen entscheidenden Fehler: Sie fangen an zu schreiben, und schon nach dem ersten Satz beginnen sie mit dem Überarbeiten. Das heißt, sie basteln an dem ersten Satz herum, fügen etwas ein, löschen etwas, stellen Wörter um - statt einfach den zweiten Satz zu schreiben. So wird das Schreiben zäh und frustrierend, letztlich bleiben sie in einer Schreibblockade stecken. Der innere Kritiker bekommt Oberhand und wertet letztlich alles, was sie geschrieben haben und jemals schreiben werden, als Mist ab.

Der Fehler: Hier werden zwei völlig unterschiedliche Prozesse vermischt. Nämlich das kreative Schreiben der ersten Fassung (Rohfassung) und das analytische Überarbeiten. Beim Schreiben der ersten Fassung sind Kreativität, Schaffensfreude, Schnelligkeit und Fokus gefragt, Nachdenken ist da eher hinderlich. Hier geht es darum, in den Schreibfluss zu kommen und im Fluss zu bleiben. Schreibe schnell, ohne viel nachzudenken oder dich zu zensieren. Halte dich nicht damit auf, Tippfehler zu korrigieren oder Wörter umzustellen. Schreibe einfach weiter - und gib dem inneren Kritiker keine Gelegenheit einzuhaken. Bleibe im kreativen Flow und unterbrich das Schreiben nicht, um mal schnell etwas nachzulesen oder Fakten zu überprüfen. Markiere die Stelle (zum Beispiel mit ###) und schreibe einfach weiter. Beim Überarbeiten ist der innere Kritiker gefragt, allerdings nicht die fiese innere Stimme, die dich niedermacht. Sondern der analytische, klar denkende Anteil in dir. Dieser Anteil erkennt, wo inhaltliche Lücken sind, wo etwas unlogisch ist, und auch wo noch Tippfehler oder Grammatikfehler sind. Meist sind beim Überarbeiten mehrere Durchgänge sinnvoll. Beim Schreiben der Rohfassung kommt es auf Masse an: Schnell schreiben, viel schreiben. Dann hat beim Überarbeiten der innere Kritiker gut zu tun.

Ich empfehle, die beiden Phasen zeitlich klar zu trennen. Erst schreiben, dann den Text ein, zwei Tage liegen lassen und anschließend überarbeiten. Idealerweise trennst Du die beiden Phasen auch räumlich. Richte dir, wenn das möglich ist, einen Platz zum Schreiben ein und einen Platz, an dem du das Geschriebene überarbeitest. Der Kreativplatz braucht keine Internetverbindung (die ist als Ablenkung eher hinderlich). Fürs Überarbeiten ist eine Verbindung nach draußen sinnvoll, schließlich wirst du da immer wieder mal Fakten überprüfen oder recherchieren wollen.

HANNAH SIEBERN

Hannah Siebern wusste schon als Kind, dass sie irgendwann mal ein Buch verwassen würde und ihr Traum war es Autorin zu sein. Da Familie und Freunde ihr jedoch dringend dazu rieten, erstmal etwas „vernünftiges“ zu lernen, studierte sie Pädagogik und machte ihren Master an der Uni Dortmund. Zeitgleich begann sie an ihrem Traum als Schriftstellerin zu arbeiten und schrieb im Zug zur Uni ihre ersten Romane. Während diese eher geringe Verkaufszahlen brachten, gelang ihr mit ihrem 8. Buch „Barfuß im Regen“ schließlich der Durchbruch. Seit 2017 schreibt sie hauptberuflich. Daraus hat sie gelernt, dass man niemals aufhören sollte an einen Traum zu glauben und dafür zu kämpfen.

WEBSEITE www.hannahsiebern.de

INSTAGRAM @hannahsiebern

FACEBOOK fb.com/HSiebern

Ein Interview mit
Hannah Siebern

Schreibe viel und probiere verschiedene Genres

Nimm uns kurz mit auf deine persönliche Reise. Wie hat alles angefangen und wie bist du zum Schreiben gekommen?

Ich habe mir schon als Kind gewünscht irgendwann Autorin zu werden und sehr früh angefangen Geschichten zu schreiben. Mein erstes richtiges Buch wurde dann aber von Twilight inspiriert. Ich fand die Filme und Bücher toll, aber mir hat das Ende nicht gefallen. Da war mein Gedanke: „Das kannst du besser."

Also habe ich eine eigene Fortsetzung geschrieben, die natürlich nie veröffentlicht werden konnte. Aber einige Freunde haben sie gelesen und waren so begeistert, dass ich beschloss etwas ganz eigenes zu schreiben. Daraus entstand dann meine Nubilaserie.

Wie bist du vom Träumen ins Umsetzen gekommen und wie lange hast du für dein erstes Buch gebraucht?

Für das Fanfiction Buch habe ich ca. 6 Monate gebraucht. Für das erste eigene dann ca. 4 Monate.

Was war für dich die größte Hürde auf dem Weg zum eigenen Buch und wie hast du diese gemeistert?

Die Verlage waren für mich die größte Hürde. Ich habe mein Manuskript an viele Verlage geschickt und lauter Absagen erhalten. Das hat mich sehr frustriert. Schließlich hat mein Bruder mich dann auf die Idee gebracht, es bei Amazon kdp zu versuchen und mir geholfen mein Buch hochzuladen. Im Nachhinein bin ich froh, dass es bei den Verlagen nicht funktioniert hat. Denn sonst wäre ich vermutlich nie so weit gekommen, vom Schreiben leben zu können.

Was sind deine Erfahrungen beim Thema Buchveröffentlichung und was kannst du angehenden Autoren mit auf den Weg geben?

Wenn man Neuling ist und Belletristik geschrieben hat, dann sollte man es besser zuerst im SP versuchen. Wenn man dort erfolgreich ist, kommen die Verlage ganz von alleine. So war es zumindest bei mir. Als Neuling hat man es nämlich sehr schwer in der Verlagswelt und wird meist gar nicht ernst genommen.

Stichwort Marketing: Was ist dein persönlicher Marketingtipp, der dir hilft, dich und deine Bücher bekannt zu machen?

Ich setze viel auf persönliche Bindung zu den Lesern. Ich bin sehr aktiv bei Facebook und Instagram und habe einen Newsletter. Dadurch erreiche ich, dass die Leser das Gefühl haben mich zu kennen und an meinem Leben teilzuhaben. Des Weiteren setze ich auf günstige Einstiegspreise und mache Werbung auf verschiedenen Plattformen. Auch Buchtrailer haben sich für mich als sinnvoll erwiesen.

Du bist Selfpublisher Autorin und veröffentlichst deine Bücher selbst. Was sind deine Erfahrungen?

Ich bin vom SP sehr begeistert, weil man alles selbst in der Hand hat. Den Inhalt, den Klappentext, das Cover usw. Wenn es schief geht, kann ich also niemandem die Schuld geben außer mir selbst und habe meinen Erfolg damit selbst in der Hand. Ich kann aus Fehlern lernen und es beim nächsten Mal anders machen. Das schätze ich sehr.

Gib doch mal einen kleinen Einblick in deinen Schreiballtag. Setzt du dir Schreibziele oder wartest du immer darauf, dass dich die Muse küsst?

Beides. Ich hoffe natürlich immer, dass mich die Muse küsst. Sobald es soweit ist versuche ich mind. 3000 Wörter am Tag zu schreiben. Das funktioniert für mich ganz gut.

Wie stehst du als Autorin zum Thema Social Media?

Ich halte es für sehr wichtig. Vor allem als Selfpublisher. So bleibt man mit seinen Lesern direkt in Kontakt und kann deren Feedback einholen.

Man sollte sich allerdings nicht verstellen, sondern versuchen authentisch zu bleiben. Das wirkt immer sympathisch.

Was sind deine ultimativen Tipps für Schreibanfänger?

Üben, üben, üben. Man sollte viel schreiben. Ruhig auch in verschiedenen Genres, bis man herausgefunden hat, was einem liegt. Außerdem ist ein Lektorat ganz wichtig und andere Autoren, mit denen man sich austauschen kann. Sucht euch ein Netzwerk und helft euch gegenseitig. Das ist der wichtigste Tipp, den ich geben kann.

HELEN SCHMIDT

Helen Schmidt, Inhaberin von Buchvermarktung, unterstützt Autor:innen und Verlage im Bereich Onlinemarketing für Bücher. Von der Einrichtung einer Homepage bis hin zur dedizierten Strategieentwicklung. Beispielsweise für Mailing-Konzepte.
Bei der Arbeit setzt Helen Schmidt auf individuelle Beratung und maßgeschneiderte Konzepte welche es den Autor:innen erlaubt unabhängig zu arbeiten.

Kreativ.Klug.Klar.

WEBSEITE
www.buchvermarktung.de
www.onlinebuchmesse.de

INSTAGRAM
@Buchvermarktung
@Onlinebuchmesse

FACEBOOK
fb.com/Buchvermarktung | fb.com/onlinebuchmesse

Ein Interview mit
Helen Schmidt

Starte noch heute mit dem Community Aufbau und vernetze dich

Nimm uns kurz mit in deine persönliche Geschichte. Wie hat alles angefangen und wie bist du Marketing-Expertin geworden?

Als gelernte IT-Systemkauffrau und ehemalige Buchhändlerin habe ich eine solide Grundlage für die Onlinearbeit in der Buchbranche. Neben einschlägigen Weiterbildungen, beispielsweise als PR und Communication Manager sowie diversen Onlinemarketing Fortbildungen ist es mittlerweile, vor allem die gesammelte Erfahrung die mich auszeichnet. Die ersten Autoren habe ich noch als Buchhändlerin begleitet, bis ich mich 2016 ganz dem Bereich Onlinemarketing für Bücher widmete.

Im Jahr 2018 hast du die Online-Buchmesse gegründet. Was verbirgt sich dahinter und wie bist du auf diese großartige Idee gekommen?

Die Online-Buchmesse, kurz OBM, entstand aus der Idee Autor:innen zu mehr Sichtbarkeit und Reichweite zu verhelfen. Ähnlich wie eine Hashtag-Challenge baut sich die OBM über den einheitlichen Gebrauch eines Hashtags in den sozialen Medien auf. Die Grundidee stieß auf großen Zuspruch, dass ich das Konzept weiterentwickelte.

Zum Messezeitraum schaltet die OBM-Homepage in den Live-Betrieb und bietet damit einen zentralen Anlaufpunkt für Besucher um sich auf der Messe umzuschauen. Ein Chatbot versendet ganze Leseproben oder Cover der teilnehmenden Autor:innen. Auf der OBM sind wie bei einer Präsenzmesse auch Verlage, Dienstleister und Blogger als Aussteller vertreten.

Die eigenen Bücher auch zu vermarkten ist ein so wichtiges Thema für Autoren und wird doch oft vernachlässigt. Was sind hier deine Erfahrungen?

Viele Schreibende sehen das Bewerben ihrer Bücher eher negativ. Sie sehen sich schnell als Marktschreier oder haben das Gefühl jemandem etwas aufschwatzen. Ich möchte mit diesen Gedankenmustern aufräumen. Autor:innen sind Geschichtenerzähler:innen, die Leser in Welten entführen, in die sie alleine nie gelangen würden. Marketing ist ein schweres Wort, mit einer Vielzahl negativer Assoziationen. Man kann sich dem Thema Buchverkäufe auch mit Leichtigkeit nähern, manchen macht es dann sogar Spaß.

Stichwort Marketing: Was ist dein persönlicher Marketingtipp, der Autoren dabei hilft, sich bekannter zu machen und Bücher zu verkaufen?

Stürzt euch auf das Thema E-Mail-Marketing. Verfasst spannende und kurzweilige Inhalte um eure Leser auch über dieses Medium zu unterhalten. Sich nur auf die sozialen Netzwerke zu verlassen kann riskant werden. Eine gute Basis für den eigenen Autorenauftritt, bildet die Homepage mit einem ansprechenden Leserangebot.

Was ist dein ultimativer Umsetzungstipp für Schreibanfänger?

Starte noch heute mit dem Community Aufbau und vernetze dich. Mit anderen Autoren, mit Bloggern und Lesern. Die Kontaktpflege ist ein wichtiger Baustein für ein erfolgreiches Buchmarketing.

Von allen Welten, die der Mensch erschaffen hat, ist die der Bücher die Gewaltigste.

- Heinrich Heine -

JENNIFER B. WIND

Die Bestseller- Autorin mit Klavier, Gesangs- und Schauspielausbildung Jennifer B. Wind, wurde in der Steiermark geboren und wohnt mit ihrer Familie südlich von Wien. Sie schreibt Romane, Drehbücher und Kurzgeschichten, die mit zahlreichen Preisen ausgezeichnet wurden. Bereits ihr Debüt „Als Gott schlief" entwickelte sich zu einem Bestseller in Deutschland, Österreich und der Schweiz. Ihr neuer Thriller "Die Maske der Gewalt" ist der Auftakt zu einer brandneuen Thriller-Serie, und stand bereits im Erscheinungsmonat 3 Wochen lang auf der BILD Bestseller Liste.
Sie ist die Autorin und Songschreiberin des Kinderbildermusiktheaters „Eine kniggstastische Reise" und führt eine regelmäßige Kolumne in der Kids Krone. Außerdem bietet sie seit 2016 Dialogveranstaltungen zum Thema „Flucht und Migration" oder „Gewaltprävention" für Schulklassen an und kümmert sich als Schreibcoach um Nachwuchsautoren, ist Autorenpatin bei „Tatort-Schreibtisch" und führt dort eine Ratgeber-Kolumne zum Thema „Kreatives Schreiben".

WEBSEITE www.jennifer-b-wind.com
INSTAGRAM @jenniferb.wind
FACEBOOK fb.com/jenniferbwind

Ein Interview mit
Jennifer B. Wind

Fang einfach an!

Nimm uns kurz mit auf deine persönliche Reise. Wie hat alles angefangen und wie bist du zum Schreiben gekommen?

Tatsächlich gehöre ich zu diesen Menschen, die ab dem Tag geschrieben haben, als sie es gut genug konnten, also seit meinem 8. Lebensjahr und zwar täglich. Sobald ich wusste, wie man Buchstaben aneinanderreiht, konnte ich nicht mehr aufhören, mir etwas auszudenken und es niederzuschreiben: Gedichte, Songtexte, Kurzgeschichten, Romane, querbeet durch alle Genres. Ich würde auch noch weiterschreiben, wenn ich nichts mehr veröffentlichen würde. Es ist ein innerer sehr starker Drang. Wenn ich nicht schreiben darf, werde ich komplett unleidlich. In meinem Kopf kreisen ständig neue Texte und Ideen, die sich nicht einfach abschalten lassen. Deshalb denke ich, nicht ich bin zum Schreiben gekommen, sondern das Schreiben hat mich gefunden. Geschichten waren immer meine große Liebe neben der Musik. Ein Tag ohne zu schreiben, ist für mich deshalb auch ein verlorener Tag. Eine Schreibblockade hatte ich in meinem ganzen Leben noch nie. Weder in der Schule beim Aufsatz Schreiben, noch danach zu Hause, auch bei keiner Kurzgeschichte und keinem Roman. Wenn ich mich zum Laptop setze, weiß ich stets genau, was ich schreiben werde. Einen Leerlauf kann ich mir nicht leisten, da mein Tag komplett durchgeplant ist. Meine erste Veröffentlichung hatte ich übrigens im Alter von 13 Jahren. Es war ein extrem schwülstiges Liebesgedicht, das in der Zeitschrift Bravo Girl abgedruckt wurde. Es blieb nicht das einzige, da ich in der Pubertät ständig unglücklich verliebt war. ;-) Später habe ich für die Schülerzeitung geschrieben.

Nach der Schule schrieb ich jahrelang für die Schublade, habe meine Texte nur gesammelt und wie besessen neben meinem Vollzeitjob weitergeschrieben. Als Flugbegleiterin hatte ich stets meine Kofferschreibmaschine und Papier dabei. Erst in der Karenz bei meiner zweiten Tochter habe ich zum ersten Mal überhaupt bei einem Literaturwettbewerb mitgemacht und dort dann überraschenderweise gleich den 1. Platz belegt. Von da an war klar, dass ich die Karenz nutzen werde, mit dem Schreiben voranzukommen und das habe ich sehr diszipliniert nebst zwei Kleinkindern gemacht. Zuerst habe ich bei weiteren Schreibwettbewerben mitgemacht und kam jedes Mal mindestens ins Finale, dann bin ich Autor/innenvereinen beigetreten und war auch in einem Mentoring-Programm der „mörderischen Schwestern", wo mich eine erfahrene Autorin zwei Jahre lang unter die Fittiche genommen hat. Ein Auszug aus dem Roman „Als Gott schlief" wurde dann auch für einen Preis nominiert.

All diese Dinge haben mich später dann auch bestärkt, mich zu trauen, für meinen Debüt-Roman eine Agentur zu suchen. Ich bin auch ein Mensch, der gerne alles, was mir gegeben wurde, wieder zurückgeben möchte. Darum bin ich heuer wieder in genau diesem Mentoring-Programm der mörderischen Schwestern, indem ich vor 12 Jahren mein Debüt aufpoliert habe tätig, diesmal aber als Mentorin.

Du schreibst nicht nur Bücher, sondern arbeitest auch als Coach und hilfst unter anderem Autoren dabei einen Verlag zu finden. Gib uns doch bitte einen kleinen Einblick in deine Arbeit.

Das Ganze war eigentlich gar nicht geplant. Ich habe mich nicht als Coach aufgestellt, oder gar beworben, hatte keine Webseite, wo ich das angeboten habe. Interessanterweise bin ich in das Coaching mit der

Zeit „hineingerutscht". (Obwohl ich rückwirkend schon eine Tendenz zur „Lehrerin" feststellen kann. Schon in der Schule hab ich viel Nachhilfe gegeben, und später auch als Ausbilderin für Flugbegleiter/innen gearbeitet.) Nachdem mein Debüt veröffentlicht und auch noch so erfolgreich war und ein Bestseller wurde, haben mich in den Vereinen oder Foren immer wieder angehende Kolleg/innen gefragt, ob ich ihnen helfen könne, einen Verlag zu finden, beziehungsweise sogar konkreter, ob ich über deren Manuskripte oder Exposés gucken könnte. Und das habe ich gemacht. Da ich auch eine pädagogische Ausbildung habe und eine in Erwachsenenbildung konnte ich das anscheinend auch gut rüberbringen, sodass die Kolleg/innen aus meinem Feedback stets etwas mitnehmen konnten. Mit einigen hat sich dann eine monatelange Zusammenarbeit ergeben, wo wir am Manuskript und den Einreichunterlagen gefeilt haben. Diese wurden auch bei namhaften Agenturen oder Verlagen unter Vertrag genommen. Via Mundpropaganda sind weitere Kolleg/innen oder bis dahin unbekannte Klient/innen bei mir „gelandet". Und so zog es immer weitere Kreise. Nachdem ich kein Freund von halben Sachen bin, habe ich nebenher eine Coaching-Ausbildung gemacht und bin auch einem Coachingclub beigetreten. Mittlerweile gehöre ich auch zu Tatort Schreibtisch und bin dort nicht nur eine der Autorenpat/innen, sondern gebe auch Schreibtipps in der wöchentlichen Kolumne. Erst seit Herbst 2019 biete ich meine Coachings nun auch via Webseite aktiv selbst an. Dieses Jahr ist auch mein letzter Klient bei einer tollen Agentur untergekommen, neue stehen schon in den Startlöchern.

Meine Erfolgsbilanz ist sehr gut. Besonders das Thema Exposé hat sich zu meinem Spezialgebiet entwickelt, hier melden sich auch bereits veröffentlichte Autor/innen bei mir, die einen Check up wünschen. Ich hole jeden dort ab, wo er ist. Beziehungsweise biete ich auch kleinere Kurse an. Ich helfe, wo ich gebraucht werde. Manchmal ist nur ein kleiner „Stupser" von meiner Seite nötig, und das Coaching ist rasch zu Ende, manchmal ist es eine lange Reise. Es gab auch Selfpublisher/innen, die gerne Verlagsautor/innen werden wollten, denen ich diesbezüglich helfen konnte. Ich finde es jedenfalls wunderschön, wenn man ich das fertige und veröffentlichte Buch der Autor/innen in den Händen halten darf, die ich auf deren Buchreise begleiten durfte. Mich freut das sehr und ich habe schon ein kleines Regal zu Hause mit diesen Büchern, die ich wie meine eigenen hüte.

Wie sieht das Coaching im Einzelnen aus?

Am Anfang nach der Anfrage steht immer ein persönliches Beratungsgespräch. Das kann bei weiter Entfernung auch via (Video-)Telefonat erfolgen. Hier frage ich, was der/die Klient/in sich genau von mir wünscht und erwartet und sage im Gegenzug, wie ich helfen kann. Dann stecken wir erste kurzfristige, mittelfristige und langfristige Ziele ab, verabreden wie oft eine Kontaktaufnahme gewünscht ist und schreiben das genau auf. Dann wird der Vertrag fixiert. Dieses erste Gespräch hilft auch gut, um die Chemie zwischen Coach und Klient/in abzutasten. Denn das ist auch sehr wichtig zwischen Coach und Klient/in. Wenn es hier hakt, kann es später zu Problemen kommen.

Wichtig ist auch die gegenseitige Erwartungshaltung und Arbeitsweise abzuchecken. Eine/n Klient/in, der/die zwischen 6 und 7 Uhr morgens telefonieren möchte, kann ich zum Beispiel nicht betreuen, da ich Schulkinder habe, die da versorgt werden müssen. Das gleiche gilt für gewisse Zeiten zu Mittag. Es gibt sicher noch andere Fälle, wo man einfach nicht zusammenpasst oder wo etwas gewünscht wird, das ich grundsätzlich nicht anbiete: etwa ein vollständiges Korrektorat. Das ist zeitlich bei mir einfach nicht drin. In so einem Fall empfehle ich eine/n kompetente/n Kolleg/in.

Nebst Schreibcoachings biete ich auch Bühnencoachings an. Denn nach dem Schreiben kommt das Lesen. In diesen Coachings lernen meine Klient/innen das richtige Atmen, Sprechen und Auftreten vor Publikum, sowie den Umgang mit dem Mikrofon. Ich verrate ihnen Tricks gegen Lampenfieber und sie bekommen Tipps wie man das Publikum fesselt, vorab die richtigen Lesestellen auswählt und eine spannende Lesung gestaltet, die den Zuhörern und Veranstaltern noch lange im Gedächtnis bleibt, sodass man gerne wieder eingeladen wird. Also eine sehr abwechslungsreiche und spannende Tätigkeit, die mir viel Spaß macht.

Was war für dich die größte Hürde auf dem Weg zum eigenen Buch und wie hast du diese gemeistert?

Beim ersten Buch (das gar nicht das erste war ;-)) hat es einige Hürden gegeben. Zum einen das Thema Schreibzeit finden, da ich voll berufstätig war, mit Schichtdienst und Jetlag. Zum anderen war die Recherchearbeit sehr aufwändig, da zu diesem Zeitpunkt (Ende der 90er Jahre, Anfang 2000) das Thema Missbrauch in der katholischen Kirche noch vertuscht wurde und nicht öffentlich bekannt war. Erst 2010 gelangten die ersten Berichte an die breite Öffentlichkeit. Somit gab es wenige Menschen, die bereit waren darüber zu sprechen. Natürlich war das Buch auch nicht leicht an einen Verlag zu bekommen, da man über dieses Thema nicht gern sprach. Sogar heutzutage noch, wo zahlreiche Fälle bereits überall auf der Welt aufgedeckt wurden und noch werden, neigen viele Menschen immer noch dazu, die Augen zu verschließen. Fakt ist: Ich habe mich für das Debüt gleich an ein sehr schwieriges, polarisierendes Tabuthema gewagt. Rückwirkend wäre es vermutlich leichter gewesen, mit einem 08/15 Krimi zu starten, andererseits wäre der dann vielleicht gar kein Bestseller geworden. Das kann ich jetzt fast 6 Jahre später natürlich nicht wissen. Ich bin jedenfalls sehr froh, dass meine Agentin die ganze Zeit an das Buch geglaubt und mir den Rücken gestärkt hat. Genauso wie mein Mann und meine besten Freund/innen.

Welche Vorteile haben Schreibkurse / externe Unterstützung für dich?

Am meisten habe ich, wie gesagt aus den Vereinstätigkeiten gezogen, wie bei den mörderischen Schwestern. Ich würde auch jeder/m neuen

Autor/in raten, sich aktiv einem Verein anzuschließen. Mit aktiv meine ich, gleich auch kleinere Aufgaben zu übernehmen. Mit der Zeit lernt man viele Kolleg/innen kennen. Manchmal ergibt sich so eine Lesung, oder eine längere Zusammenarbeit, zum Beispiel die Arbeit an einem gemeinsamen Buch. Man lernt dazu, wächst in die Branche hinein. Mein Rat lautet immer: Vernetzt euch! Sucht euch Gleichgesinnte. Egal, ob im Selfpublishing Bereich oder nicht, ob im Bereich Liebesroman oder Krimi. Überall gibt es Gruppen, oder Vereine, in denen sich die Mitglieder unterstützen, das reicht vom gegenseitigen Testlesen der Manuskripte bis über Gemeinschaftslesungen oder gemeinsame Anthologien. Das ist meiner Meinung nach sehr wichtig und bringt mitunter mehr als einmal einen Schreibkurs zu besuchen und dann weiter alleine durch die Nacht zu ziehen. Aber es ist natürlich jeder Mensch anders. Ich bin sehr offen und redselig, für mich waren Foren und Vereine perfekt. Foren (wie das TextArt Forum oder Montségur Autorenforum) vor allem in der Zeit, als die Kinder Babys waren und ich von zu Hause aus kaum weg konnte. Das hat mir alles sehr viel gebracht.

Mein zweiter Tipp wäre einer, den ich eigentlich für selbstverständlich halte: Lesen. Lesen. Lesen. Außerdem rate ich jedem, gute Schreibzeitschriften zu abonnieren wie „Die Federwelt“. Hier bekommt man über die Jahre so viel geballtes Wissen und viele Tipps geliefert, die man alle brauchen kann. In meinen Ordnern finden sich 12 Jahre „Federwelt“ Wissen ;-) Da blättere ich immer mal wieder hinein. Die meisten Tipps nutzen sich ja nicht ab und gelten nach wie vor. Das Uschtrin Autorenhandbuch sollte auch in keiner Bibliothek fehlen. Und dann kann man natürlich auch die zahlreichen Schreibratgeber lesen. Ich habe das auch gemacht. Es gab tolle Schreibratgeber, die mir viel gebracht haben, andere waren weniger gut. Für manche Autor/innen erzeugen Schreibratgeber aber einen bestimmten Druck und manchmal auch Verwirrung, sodass sie sich nur noch an all diese Regeln zu halten versuchen und dabei ihre eigene Erzählstimme und manchmal auch die Leidenschaft und Freude am Schreiben verlieren. Jeder muss das für sich entscheiden und seinen eigenen Weg finden. Meiner Meinung nach wird jemand, der eine Sache täglich „übt", auch erfolgreich darin. Talent ist die Basis, aber Erfolg entsteht durch das tägliche Tun, durch viel Arbeit. Einige meiner Lieblingsschauspieler/innen waren nie auf einer Schauspielschule, haben aber von klein auf dieses Ziel vor Augen gehabt, Schauspieler zu werden, waren mit viel Talent gesegnet und haben beinhart täglich daran gearbeitet. Sie sind großartige Schauspieler geworden. Im Gegenzug dazu sieht man sehr oft Schauspieler/innen im TV, die zwar aus einer Schauspielschule kommen, dich mit ihrem Spiel allerdings nicht erreichen... In der dritten Gruppe kommt dann alles zusammen: Eine gute Schule, jede Menge Talent und die Leidenschaft und Disziplin, täglich an sich zu arbeiten, um immer besser zu werden. Daraus entsteht dann höchste Perfektion. Ich denke all das gilt auch für Autor/innen.

Wie lief das Thema Verlagssuche für dich?

Für mich war von Anfang an klar, dass ich mit einer Agentur zusammenarbeiten will und deshalb habe ich mich nie auf Verlagssuche begeben, sondern war nur auf Agentursuche. Ich habe damals gründlich recherchiert, welche Agenturen in Frage kämen, vom Genre her und habe auch genau geschaut, welche Autor/innen diese noch vertreten und welche erfolgreichen Bücher daraus hervorgegangen sind. Dann habe ich mir 10 Wunschagenturen herausgesucht, von denen ich mir dachte, dass ich gut hineinpassen würde und mich genau informiert, was diese verlangen. Das ist von Agentur zu Agentur unterschiedlich. Nicht jede Agentur wollte die gleiche Seitenanzahl Probeseiten, oder überhaupt ein Exposé beim Erstkontakt haben. Bei manchen musste man zuerst telefonisch oder per E-Mail anfragen, ob man die Unterlagen einreichen durfte und kurz pitchen, worum es überhaupt geht. Damals hat es auch noch Agenturen gegeben, die die Unterlagen ausschließlich per Post zugeschickt haben wollten. Als ich meine genaue Liste fertig hatte, machte ich mich ans Werk meine Unterlagen aufzubereiten und zwar für jede einzelne Agentur extra und persönlich, nicht im Gießkannenprinzip. Was das bedeutet, erkläre ich auch in meinen Coachings. Für das alles habe ich mir viele Wochen Zeit gelassen. Wichtig ist ja, sich als Neuautor/in darüber im Klaren zu sein, dass man nur einen einzigen Versuch hat, um die Agentin oder den Agenten zu überzeugen. Da kann man gar nicht lange genug an seinen Unterlagen feilen, bis alles so perfekt wie möglich ist. (Das alles gilt natürlich auch für die Verlagssuche) Allen ungeduldigen Autor/innen erkläre ich immer, dass sich diese anstrengende Vorarbeit später ganz bestimmt auszahlen wird. Bei mir war es definitiv so, denn bis auf eine einzige Agentur haben alle Agenturen meine Leseprobe angefordert und ich bekam später dann auch mehr als ein Angebot für das Manuskript und hatte das Glück, selbst aus allen Agenturangeboten wählen zu dürfen. Damals dachte ich, das wäre normal. Heute weiß ich, dass das nicht selbstverständlich war. Ich bin davon überzeugt, dass die gründliche Vorarbeit und perfekt an jede Agentur angepassten Projektmappen dafür ausschlaggebend waren.

Dein ultimativer Umsetzungstipp für Autoren, den sie noch heute in die Tat umsetzen können?

Anfang des Jahres sind viele Menschen noch sehr enthusiastisch bezüglich ihrer Vorsätze für das neue Jahr. Laut einer Studie der Universität von Scranton gelingt es allerdings nur acht Prozent der Menschen, diese Vorsätze umzusetzen, die restlichen 92 Prozent geben auf. Laut der 72-Stunden-Regel sollte man alles, was man sich vornimmt, innerhalb von 72 Stunden beginnen, sonst sinkt die Chance, dass man das Projekt jemals umsetzt, auf ein Prozent!

Daher ist mein Tipp klar: Anfangen und zwar jetzt gleich! Und dabei ist es ganz egal wie, ob mit ersten Projektnotizen auf Papier, oder Recherchen am PC, oder schon ein erstes Fragment mit dem Computer geschrieben. Fang einfach an! Schreibe dir auf ein Blatt Papier, dein Ziel des Jahres! Nur ein Wort! (Zum Bsp.: „Roman“ für: heuer einen ganzen Roman schreiben und beenden. „Verlag“ für: heuer einen Verlag finden. „Schreibzeit“ für: Heuer endlich fixe Schreibzeiten finden und einhalten, etc...)

Und gehe jeden Tag einen Schritt weiter. Nimm dir nicht zu viel vor (Stichwort 10 Seiten am Tag sind für viele Anfänger einfach zu viel Druck und Stress), kleine leicht zu erreichende Babyschritte eignen sich besser und führen täglich zu Erfolgserlebnissen, was die Freude an der Arbeit erhöht und das Durchhalten erleichtert. (Wenn du mit dem Joggen anfängst, wirst du auch nicht sofort eine Stunde durchlaufen, sondern zuerst eine Minute Laufen im Wechsel mit einer Minute Gehen.) Also schreibe zuerst einmal eine Seite am Tag, aber diese MUSS geschrieben werden (Am besten Handy auf Flugmodus stellen und Mailbenachrichtigungen ausschalten oder gleich offline arbeiten.) Dann die Seitenzahl wöchentlich steigern. Bis zu einem realistischen Maß von 5 bis 6 Seiten am Tag. Nimm dir aber bewusst einen Tag in der Woche frei (Stichwort: Cheatday ;-)), am besten am Wochenende. (Alternativ kannst du dir auch Wortanzahl oder Zeichenzahl vornehmen, wichtig ist auch hier, nicht sofort zu viel vornehmen.) Schreibe am besten immer zur selben Zeit. Denn das Gehirn muss sich an diese neue „Gewohnheit“ erst anpassen und das dauert etwa 66 Tage. Also überlege dir, zu welcher Zeit es für dich am besten wäre. Viele können das sehr gut am Morgen, bevor alle anderen aufstehen, andere arbeiten lieber nachts, wenn alle schlafen. Das liegt ja auch daran, welche andere Verpflichtungen du noch hast, wie Familie, kleine Kinder oder einen Brotberuf. Nutze Zeitinseln.

Zu guter Letzt: Viele Klient/innen jammern darüber, zu wenig Zeit zu haben, um zu schreiben. Wenn ich dann nachfrage, und sie eine Woche lang bitte, zu notieren, womit sie ihre Zeit verbracht haben, stoße ich sehr oft auf sogenannte Zeitfresser. In der Regel sind das Social Media Aktivitäten, im Internet Surfen, App-Spiele oder Serien Binge Watching zum Bsp. auf Netflix. Jeder Mensch hat viel mehr Zeit als er glaubt. Auch du! Wenn du es wirklich schaffen willst, und wild entschlossen bist, dieses Jahr deinen Roman zu schreiben und/oder zu veröffentlichen, dann wirst du das Ziel auch erreichen.

Ich drücke dir die Daumen!

JULIA K. STEIN

Julia K. Stein schreibt Romane und Sachbücher und gibt Online-Kurse für Schreibinteressierte. In letzten Jahr sind erschienen: Heartbeat: Wait for me unter dem Pseudonym Taylor Fitzgerad im Oetinger Verlag, sowie die Jugendromane Café au Love, Ein Sommer in den Hamptons und Let it Snow im Ravensburger Verlag.
Sie wurde im Ruhrgebiet geboren und hat in Kalifornien und an der Ostküste der USA Literatur studiert, einen Magister der Philosophie und über Literatur promoviert. Online unterrichtet sie Kurse für angehende Autoren zum Thema Schreiben und Veröffentlichen und betreibt neben ihrer Autorenseite (jkstein.de) den Blog xojulia.de mit vielen Schreibtipps.
Auf Ihrer Webseite erhältst du auch Zugang zur Download-Bibliothek, wo viele interessante Downloads zum Plotten zur Verfügung stehen. Sie schreibt regelmäßig Newsletter mit konkreten Tipps und Freebies für Schreibinteressierte, wofür man sich auf xojulia.de anmelden kann.

WEBSEITE www.xojulia.de
INSTAGRAM @xojuliakstein
YOUTUBE Julia K. Stein

Ein Interview mit
Julia K. Stein

Deine angefangene Geschichte ohne Angst zu Ende bringen

Nimm uns kurz mit in deine persönliche Geschichte. Wie hat alles angefangen und wie bist du zum Schreiben gekommen?

Ich schreibe schon immer, aber angefangen hat es mit sehr langatmigen Tagebuch-Einträgen und kleinen Geschichten und Gedichten. Dann habe ich redaktionelle Texte geschrieben, Zeitungsartikel, Sachbücher und dann wurden es Romane. Ich schreibe immer noch sehr unterschiedliche Texte, aber meine letzten sieben Bücher waren Romane, die in verschiedenen Verlagen erschienen sind, die letzten bei Ravensburger.

Wie bist du vom Träumen ins Umsetzen gekommen und wie lange hast du für dein erstes Buch gebraucht?

Mein erstes Buch hat ... viele Jahre gedauert. Ich habe das Manuskript sogar einmal komplett auf Deutsch und einmal auf Englisch geschrieben. Dann habe ich die Perspektiven gewechselt und auch das Genre, aber immer eine ähnliche Geschichte geschrieben. Ich denke, dabei habe ich viel gelernt. Aber inzwischen kann ich innerhalb weniger Monate einen Roman schreiben, der bestimmt besser ist als mein erster. Man darf nicht vergessen, beim Schreiben ist auch viel Handwerk dabei und wenn man das beherrscht, kann man seiner Inspiration viel leichtfüßiger folgen. Mir haben damals Blake Snyder und seine Save the Cat-Bücher sehr geholfen.

Du schreibst nicht nur Bücher, sondern hilfst anderen Autoren dabei, ihren Traum vom Schreiben zu leben. Welche Vorteile haben Schreibkurse / externe Unterstützung für dich?

Ich habe schon immer gern unterrichtet, früher wollte ich Lehrerin werden, dann habe ich an der Uni und der VHS unterrichtet. Jetzt mache ich es meist online. Es macht einfach Spaß zu sehen, wie man anderen Inspiration und Lehrer sein kann und einige meiner Kursteilnehmer sind selbst im Verlag veröffentlichte Autorinnen geworden, das ist einfach cool. Wobei ich momentan seltener Kurse und Seminare geben, weil ich selbst viel schreibe. Aber Schreiben ist ja eine sehr einsame Tätigkeit und da ist der Austausch und die Zusammenarbeit mit Kursteilnehmern eine schöne Abwechslung. Außerdem betreibe ich unter Julia K. Stein einen Youtube-Kanal und auch da tausche ich mich aus, genauso wie auf Instagram.

Wie stehst du als Schreibexpertin zum Thema Buchplot? Rätst du deinen Schreibanfängern eher dazu, einfach drauf los zu schreiben oder ist eine gute Planung wichtig?

Ich glaube gerade Schreibanfängern hilft es ganz enorm, etwas zu haben, an dem man sich festhalten kann. Es gibt natürlich Autoren, die plotten nicht, aber die meisten, wenn man nachfragt, plotten irgendwie schon, nur im Kopf. Gerade erfahrene Autoren haben viele Strukturen internalisiert, weil sie viele Filme gesehen, Geschichten gelesen und sich darüber Gedanken gemacht haben. Viele Anfänger schauen ihre Geschichte an und spüren, dass irgendetwas nicht stimmt – aber was? Mit Plotmodellen kann man oft dem Problem leichter auf die Schliche kommen. Plotten ist immer eine Hilfe und keine Einschränkung, es macht, anders als man anfangs denkt, eher frei, einen Plot zu entwickeln.

Stichwort Marketing: Was ist dein persönlicher Marketingtipp, der dir hilft, dich und deine Bücher bekannt zu machen?

Ich glaube, da gibt nicht so richtig den einen „ultimativen Tipp". Ich glaube an den langfristigen Aufbau von einer Leserbasis. Bei mir funktioniert das über einen Newsletter und über Youtube und Instagram. Meine Blogs, die früher meine Hauptmittel zur Kommunikation waren, sind jetzt eher informativ und statischer, weil ja Instagram eher zum Mini-Blog geworden ist.

Was sind deine ultimativen Tipps für Schreibanfänger?

Es gibt keinen perfekten Zeitpunkt, um anzufangen. Aber anfangen reicht nicht, man muss die Geschichte zu Ende bringen, daran scheitern die meisten. Und dabei darf man keine Angst haben, dass diese erste Version nicht perfekt ist. Aber mit der kann man dann arbeiten, ändern, herumprobieren, einfach mal eine neue Plotänderung ausprobieren. Man muss sich erlauben, viel wegzuwerfen, das macht frei.

JULIA LAKAEMPER

Julia Lakaemper ist Expertin für Mindset und unterstützt Selbständige dabei, ihre Ziele durch ein neues Mindset mit mehr Leichtigkeit zu erreichen und mehr Geld & Fülle in ihr Leben einzuladen.
Ein positives Mindset hilft dir, bewusste und unbewusste Überzeugungen aus dem Weg zu räumen und dein Leben aktiver und mit mehr Leichtigkeit und Vertrauen zu gestalten.
Bevor Julia Mindset Expertin wurde, war sie über 10 Jahre als Account Director und Teamleiterin in der PR-Branche tätig, um dann für knapp drei Jahre auf Weltreise zu gehen, Vipassana-Meditation und Achtsamkeit für sich zu entdecken und sich als Mindset Coach beruflich neu auszurichten. Seit 2015 schreibt sie auf ihrem Blog über die Themen Mindset, Achtsamkeit, Produktivität und Spiritualität.

WEBSEITE www.julia-lakaemper.com

INSTAGRAM @julialakaemper

FACEBOOK fb.com/juliaLakaemperCom

Ein Interview mit
Julia Lakaemper

Mit der Kraft des unterstützenden Mindsets kannst du Berge versetzen

Nimm uns kurz mit in deine persönliche Geschichte. Wie hat alles angefangen und wie bist du Expertin für Mindset geworden?

Ich hab mich ganz zaghaft dem Coaching und der Mindset-Arbeit angenähert: Ich hab lange in Public Relations gearbeitet und wollte mich beruflich verändern – dazu hab ich mir einen Coach gesucht. Das Ergebnis des Coachings war, dass ich meinen Job aufgebe, um zu reisen. Aus dieser fixen Idee wurden drei Jahre, in denen ich mit meinem Rucksack durch die Welt gereist bin und mich dabei intensiv mit großen Fragen, Zweifeln und Ängsten und meiner Persönlichkeitsentwicklung auseinandergesetzt hab. Ich wollte ein anderes Leben leben: Freier, flexibler, selbstbestimmter – und ich hatte keine Ahnung, wie ich das gestalten kann.

Durch unzählige Bücher, die mir viele Impulse und Anregungen gegeben haben, bin ich dann immer mehr zum Kern durchgedrungen, wo die Ursache ist: Es sind meine Gedanken und meine Reaktion darauf, die meine Realität und meine Ergebnisse erschaffen. Auf meiner Reise hab ich mich intensiv mit Meditation beschäftigt und dort praktisch gelernt, was ich von vielen Coaches und Autoren erfahren durfte: Wie ich meine Gedanken und meine Gefühle erkenne, beobachte und weniger bewerte. Zu verstehen, dass Gedanken nur Gedanken sind – und nicht die Wahrheit. Ich hab erkannt, wie meine Gedanken, Gefühle und mein Verhalten zusammen hängen.

Dein Mindset ist wie eine Brille, durch die du die Welt siehst. Es ist dein Bild von dir selbst und dein Blick auf dich: Dein Selbstbild. Darüber hinaus ist Mindset deine Haltung und deine Sicht auf andere, die Gesellschaft, die Welt.

In meiner Coaching-Ausbildung und in Weiterbildungen habe ich Methoden gelernt, wie ich dieses Mindset-Wissen anderen vermitteln kann und es außerdem schaffe, mehr positive Gedanken zu erschaffen, mit denen ich mir das Leben gestalte, das ich mir wünsche. Für mich ist diese Erfahrung und dieses Wissen ein unfassbar wertvoller Schatz, der Schlüssel zum Glück. Das wollte ich unbedingt weitergeben und habe meinen Weg in die Selbständigkeit als Mindset Expertin gefunden.

Eine der größten Hürden ist es, vom ewigen Träumen in die Umsetzung zu kommen. Wie kann uns das richtige Mindset dabei unterstützen?

Ja, absolut – das ist der entscheidende Unterschied. Von einem erfolgreichen Buch zu träumen können viele. Es wirklich zu schreiben und es zu veröffentlichen macht dich erst zum Autor oder zur Autorin.

Meiner Meinung nach ist dein Mindset ausschlaggebend, ob deine Buchidee in deinem Kopf oder der Schublade bleibt oder ob sie das Licht der Welt erblickt.

Was dich zurückhält, aus deinem Traum ein erreichbares Ziel zu machen, sind limitierende Gedanken: Angst, dass du nicht gut genug bist, um ein Buch zu schreiben. Sorge, dass es niemandem gefällt. Gedanken, dass kein Verlag deine Arbeit jemals veröffentlichen will. Die Überzeugung, dass du kein Autor oder keine Autorin sein kannst.

Der erste Schritt ist es, diese limitierenden oder negativen Gedanken zu bemerken. Schreib sie dir alle auf. Schreib dir deine Gefühle dazu auf.

Wenn du zum Beispiel denkst „Ich schreibe nicht gut genug und bin nicht diszipliniert genug, um ein Buch zu schreiben.“, schreib das auf. Ärgere dich nicht darüber, dass du diese Gedanken hast – nimm sie einfach wahr. Schau dann, wie du dich fühlst, wenn du diesen Gedanken denkst: Unsicher, voller Zweifel, zurückhaltend, frustriert, enttäuscht, ängstlich, unentschlossen, … Nimm wahr, wie sich das anfühlt. Vielleicht schnürt sich dein Hals zu oder dein Magen dreht sich um oder du atmest ganz flach. Beobachte das alles.

Wie handelst du, wenn du denkst, dass du nicht gut genug schreibst und dir die nötige Entschlossenheit fehlt, um ein Buch zu schreiben – und du dich gleichzeitig faul, unsicher und enttäuscht fühlst? Wahrscheinlich machst du nichts. Du träumst weiter, wie schön es wäre, erfolgreiche Autorin oder Autor zu sein – setzt dich aber nicht hin, um deine Geschichten aufzuschreiben. Damit erschaffst du dir mit diesem ursprünglichen Gedanken das Ergebnis, dass es bei einem Traum bleibt: Du beweist dir, dass deine Gedanken wahr sind.

Du kannst es aber auch umdrehen und denken: „Ich will diese Geschichten erzählen. Ich kann lernen, wie ich mich gut organisiere und regelmäßig und entschlossen an meinem Buch zu schreiben. Wie die anderen darauf reagieren, kann ich nicht kontrollieren – ich konzentriere mich darauf, dass ich mein Bestes gebe und meinem Traum die Möglichkeit schenke, wahr zu werden.“ Dann fühlst du dich wahrscheinlich beflügelt, inspiriert, zuversichtlich, hoffnungsvoll, entschlossen und wissbegierig – und setzt dich mit Freude an dein Buch. Und was ist das Ergebnis? Ein geschriebenes Buch, das du veröffentlichen kannst. Gratulation! :)

Das ist die Kraft eines unterstützenden Mindsets: Damit kannst du Berge versetzen.

Bei vielen Autoren steht das Schreiben im Mittelpunkt und das Mindset wird oft vernachlässigt. Warum ist aber gerade das so wichtig, um auch wirklich an sein Ziel zu kommen und sein Buch am Ende auch in den Händen zu halten?

Die meisten Menschen schauen nur auf das Ziel: Das fertig geschriebene Buch. Wenn das erreicht ist, so denken viele, wird sich ihr Leben positiv verändern. Der eigentliche Gewinn ist aber nie das Erreichen eines Ziels, sondern der Weg dorthin: Welche Eigenschaften du entwickelst, zu welcher Person du wirst, während du dein Buch schreibst und all die Herausforderungen durchlebst, die dieser Prozess mit sich bringt. Das ist das, was dich glücklich macht und dir Türen öffnen, die deinen weiteren Weg ebnen.

Hast du selbst Rituale, die dir auf deinem Weg helfen?

Ja, ich arbeite jeden Tag mit Selbstcoaching an meinem Mindset. Mindset Arbeit ist wie Zähne putzen: Wenn du es nicht regelmäßig machst, hat es negative Konsequenzen. :) Außerdem meditiere ich jeden Tag und mache viel Sport: Das hilft mir, Stress abzuschütteln, flexibel und entspannt zu bleiben und mich mit mir wohl zu fühlen.

Wie stehst du zum Thema Coaching und Unterstützung durch andere auf dem eigenen Weg?

Ich halte es für unverzichtbar: Du bist einfach viel schneller am Ziel. Ich lasse mich inzwischen kontinuierlich von Coaches und Mentoren begleiten. Das führt dazu, dass ich auf meinem Weg bleibe, mutiger handle und schneller am Ziel bin. Unfassbar wertvoll, darauf werde ich nicht mehr verzichten.

Was ist dein ultimativer Mindset Tipp für Schreibanfänger?

Schreibe jeden Tag. Lass dich nicht von deinen Gedanken bremsen, dein Buch zu schreiben. Selbst wenn dir mal nichts einfällt, schreib all das auf: Mir fällt gerade nichts ein, ich hab heute überhaupt keine Lust zu schreiben, warum hab ich überhaupt damit angefangen, das ist doch alles totaler Quatsch.

Schreib all deine Gedanken auf und du wirst merken: Das schafft Platz im Kopf und setzt Kreativität frei. Nach ein paar Minuten kommst du in den Schreibfluss, den du dir gewünscht hast. Die berühmten Morgenseiten von Julia Cameron, Autorin von "Der Weg des Künstlers", sind super, um diesen Prozess zu starten: Setzte dich gleich morgens hin und schreib alles auf, was dir durch den Kopf geht. Ungefähr 750 Wörter. Und im Anschluss daran schreibst du an deinem Buch. Wertvolle Tipps teilt Steven Pressfield in seinem Buch "The War of Art". Großartig. Unbedingt lesen!

LASSE ARABESTANI

Als Coach für Mindset und Erfolgsstrategien zeigt Lasse Unternehmern und Privatpersonen, wie sie sich das richtige Erfolgsmindset aufbauen und mit universellen Erfolgsprinzipien Reichtum und Erfolg nach ihren eigenen Maßstäben erschaffen können.

„Kreiere dir das Leben, das du wirklich willst!"

WEBSEITE www.lasse-arabestani.de
INSTAGRAM @lasse_arabestani
FACEBOOK fb.com/lassearabestani

Ein Interview mit
Lasse Arabestani

Wie du jede Hürde mit Leichtigkeit nimmst

Nimm uns kurz mit in deine persönliche Geschichte. Was hat für dich den Ausschlag gegeben, dich weitreichend und tiefgehend mit den Themen Mindset und Erfolgsstrategien zu beschäftigen?

Ich habe schon seit knapp 20 Jahren ein großes Interesse für die Themen Mindset, Persönlichkeitsentwicklung und Erfolgsdenken. In dieser Zeit habe ich immer mal wieder Phasen gehabt, in denen ich mich intensiv mit einzelnen Bereichen beschäftigt habe. Wirklich dauerhaft und tiefgreifend bin ich vor 2 Jahren in diese Materie eingestiegen. Ich hatte gerade eine sehr schwierige Zeit mit meinem eigenen Business. Es lief zwar sehr gut, aber ich war komplett überarbeitet und am Rande eines Burnouts. So hatte ich mir meine Selbstständigkeit nicht vorgestellt und es konnte so nicht mehr weitergehen. Für mich war klar, dass ich jetzt wirklich etwas ändern muss. Der Startschuss, mich mit meinem eigenen Mindset wirklich in der Tiefe und täglich auseinanderzusetzen war, dass ich angefangen habe zu meditieren. Das hat mir mehr Ruhe und Entspannung verschafft und dafür gesorgt, dass ich den Blick nach innen richten konnte. Ich stellte fest, dass es bestimmte Glaubensmuster gab, die genau das erzeugt haben, was ich nicht wollte. Viel Arbeit und extremen Stress hatte ich mir durch mein Mindset selbst erschaffen. Ich kam zu der Erkenntnis, dass ein starkes und auf Erfolg ausgerichtetes Mindset der wichtigste Faktor ist, um sowohl Erfolg im Business als auch privat zu erschaffen. Denn ein erfolgreiches Business macht nicht glücklich, wenn man nur noch arbeitet und keine Zeit für Freunde und Familie hat. Für mich hat daher das Thema Mindset die höchste Priorität bekommen, und ich nehme mir jeden Tag bewusst Zeit für mich und die Beschäftigung mit mir selbst. Seit dem ich dies in meinen Alltag als einen festen Bestandteil integriert habe, hat sich mein Leben in allen Bereichen extrem zum Positiven verändert.

Gibt es universelle Erfolgsstrategien und Rezepte?

Ja, die gibt es. Napoleon Hill hat schon in seinem 1937 erschienen Buch „Think and grow rich“ herausgefunden, dass es 13 Prinzipien gibt, die jeder dafür nutzen kann, um reich zu werden. Für dieses Buch hat er über einen Zeitraum von 25 Jahren mehr als 500 Millionäre interviewt. Dabei hat er herausgefunden, dass Erfolg einer klaren Gesetzgebung folgt, die alle erfolgreichen Menschen gemeistert haben. Diese Gesetze kann jeder auf sein eigenes Leben und Business anwenden und sich genau den Erfolg erschaffen, den er wirklich will. Das Schöne ist, dass es einen ganz klaren und eindeutigen Weg gibt, dem man folgen kann. Jeder, der diese Prinzipien lernt, verinnerlicht und selbst danach lebt, hat es damit selbst in der Hand, Erfolg nach seinen Vorstellungen zu erreichen.

Es heißt immer, man muss vom Träumen in die Umsetzung kommen, wenn man seine Träume realisieren möchte. Hast du bestimmte Strategien / Herangehensweisen, die dir dabei helfen, in die Umsetzung zu kommen?

Ich selbst nutze zwei Strategien. Der für mich wichtigste Schritt ist einfach loszulegen und anzufangen. Nicht lange nachdenken, sondern einfach machen und „springen“. Wie jeder andere auch, kenne ich das Gefühl von Blockaden, Ängsten oder sonstigen negativen Gedanken, die mich davon abhalten, etwas zu tun. Aber da muss man ganz einfach durch. Ängste zeigen einem oft an, wo genau Wachstumspotentiale liegen. Also gehe genau dorthin, wo es wehtut und damit raus aus der Komfortzone. Das ist wirkliches Wachstum und danach fragst du dich mit Sicherheit, warum du so lange damit gewartet hast.

Das „Springen" verbinde ich mit dem zweiten Schritt, dem Aufbau einer Routine. Was bringt mich meinem Ziel wirklich ein Stück näher? Wovor habe ich Ängste, die ich dadurch abbauen kann? Hast du bisher z.B. noch gar nicht geschrieben, aber dein Traum ist es ein eigenes Buch in der Hand zu halten, dann fang doch einfach klein an. Nimm dir vor, jeden Tag einfach 10 min zu schreiben. Egal was und ohne groß nachzudenken. Wichtig ist einfach in die Aktion zu kommen und das in einer Regelmäßigkeit. Erkenne an, dass du etwas geschrieben hast. Jeder kleine Schritt bringt dich wieder ein Stück weiter auf dem Weg, dein eigenes Buch in den Händen zu halten. Routinen machen hierbei genau den Unterschied aus. Wenn du erst einmal regelmäßig jeden Tag schreibst, dann wirst du automatisch motivierter auch mehr zu schreiben. Dieses Vorgehen kannst du natürlich auch auf alle anderen Bereiche in Deinem Leben anwenden, in denen du wirklich etwas ändern möchtest.

Und welche Strategien kann man anwenden, um Hindernisse zu überwinden, die ja auf jedem Weg in unterschiedlicher Form auftauchen, seien es Schreibblockaden, Motivationslücken, Zeitmangel aufgrund von dringenden Themen oder auch Krankheiten und Ängste?

Grundsätzlich ist es für dich wichtig erst einmal anzunehmen, dass es auf deinem Weg zum Ziel immer mal Hindernisse geben wird und dass dies völlig normal ist. Begreife Hindernisse als Chance, um an ihnen zu wachsen. Akzeptiere, dass es auch in Ordnung ist mal unmotiviert zu sein und dir dies selbst zuzugestehen. Gerade auch das bewusste Nichtstun ist wichtig.

Ein Weg, wirklich jedes Hindernis und jede schwierige Phase zu überwinden, ist ganz klar die tiefe Verbindung mit deiner großen Vision und ein starkes Vertrauen, dass du dein Ziel erreichen wirst. Oft ist es aber so, dass dies gerade am Anfang einer solchen Reise noch nicht so stark ausgeprägt ist. Das Schöne ist, dass wir dies lernen und trainieren können. Setz dich doch einfach mal eine halbe Stunde hin und stell dir deine große Vision in allen Einzelheiten vor, wenn Du keine Motivation zum Schreiben hast. Wenn du wirklich eine Verbindung und Gefühle mit deinem Ziel, deinem Warum aufbaust, wirst du danach mit Leichtigkeit aus dem Tief herauskommen.

Die Verbindung mit deinem tiefen Wunsch und Ziel gibt dir die Power und Energie auch jede schwierige Phase zu meistern, wieder klar zu sehen und dich von deinem Warum über die Hindernisse zu tragen.

Was ist dein ultimativer Umsetzungstipp für Autoren, den sie direkt in die Tat umsetzen können?

Nimm dir jeden Tag zweimal die Zeit, um dich bewusst mit deinem Wunsch und deinem Ziel zu verbinden. Am besten morgens nach dem Aufwachen und direkt vor dem Einschlafen. Was genau heißt das? Stell dir alles genau in deiner Phantasie vor und male es dir in allen Facetten aus. Fühle dich so, als wenn du dein Buch schon in den Händen hältst. Stell dir vor, wie es sein wird, wenn dein eigenes Buch fertig ist, und wie du es im Buchhandel auf einem Tisch liegen siehst. Baue dir dieses Bild in deinem Geist mit soviel Details wie möglich auf. Dann versetze dich in diese Bilder und fühle richtig rein. Auch hier ist wieder wichtig, dies zu einer Routine werden zu lassen und eine Regelmäßigkeit zu entwickeln. Wenn du dies machst, wird das einerseits deinen Wunsch immer weiter verstärken und andererseits wird dein Vertrauen, dass du dein Ziel auch erreichst, immer größer. Dann kann dich nichts mehr aufhalten und du nimmst jede Hürde auf dem Weg mit Leichtigkeit.

Ein Autor, der sich als Künstler versteht, ist jemand, der zugibt, was andere niemals zeigen könnten.

- Elia Kazan -

LAURA KÜHBAUCH

Laura Kühbauch studierte Vergleichende Literaturwissenschaften und Spanisch in Wien und Spanien. Bei tolino media ist Laura für Social Media, Blog und Newsletter sowie Support für AutorInnen zuständig. Von Buch- und Zeitschriftenverlagen in Wien, wo sie für Content Management und Marketing zuständig war, hat es sie nach München zu tolino media verschlagen. Ihr Herz schlägt für Bücher, Digitalisierung und Selfpublishing sowie für Canela – ihre Beagle-Hündin, ihres Zeichens Feelgoodmanager bei tolino media.

WEBSEITE www.tolino-media.de
INSTAGRAM @tolino_media
FACEBOOK fb.com/tolinomedia/

Ein Interview mit
Laura Kühbauch

Bietet euren LeserInnen Qualität

Gib uns bitte einen kurzen Einblick in die Welt von tolino media. Wer seid ihr und wie unterstützt ihr angehende Autoren?

Tolino media ist der einfache und kostenlose Weg für Autoren, Ihre eBooks in den Onlineshops von Thalia, Weltbild, Hugendubel und vielen mehr zu veröffentlichen. Als Content-Partner der tolino-Allianz, der führenden deutschen Buchhändler, bietet die Plattform alle Vorteile des direkten Publizierens: beste Konditionen, die Unterstützung der großen deutschen Buchhändler und keine Vertragsbindung. Meine Kollegen und ich stehen dabei im Support für Fragen der AutorInnen zur Verfügung und freuen uns wenn wir weiterhelfen können. Weitere Unterstützung können wir auch in Form von Marketingplatzierungen in den Shops oder ausgesuchten Social-Media-Aktionen mit AutorInnen bieten. Wir sind generell für gute Ideen und Einfälle rund um das Thema Selfpublishing sehr offen.

Gerade das Thema Selfpublishing ist für viele angehende Autoren ein großes Thema. Was sind hier die größten Vorteile für Autoren?

Die großen Vorteile des Selfpublishings liegen vor allem darin, dass man selbst die Fäden in der Hand hält und Entscheidungen wie Covergestaltung, Erscheinungsdatum oder Vertrieb des eigenen Buches selbst treffen kann. Außerdem bietet das Selfpublishing höhere Verdienstmöglichkeiten, da der „AutorInnenanteil“ dabei wesentlich größer ausfällt als im Verlag.

Social Media ist ein großes Thema für Selfpublisher. Warum ist Social Media Marketing für Selfpublisher so wichtig?

Die Antwort darauf liegt meiner Meinung nach im Wesen des Selfpublishings selbst. Als SelfpublisherIn ist man nicht nur AutorIn, sondern auch für Produktion, Vertrieb und Marketing des eigenen Buches zuständig. Mit dem letzten Punkt sind wir schon beim Thema: Im heutigen Marketing-Business kommt keine Marketing-Abteilung mehr ohne Social Media aus. Social Media bietet die Möglichkeit die eigene Message in die Welt hinauszuschreien und damit Millionen von Menschen zu erreichen....wenn man es richtig macht. Also sollten SelfpublisherInnen auf diese Marketing-Möglichkeiten nicht mehr verzichten.

Was sind deine Top Tipps um ein Buch via Social Media bekannt zu machen?

Man sollte immer versuchen das gewisse Etwas in seinem Produkt, seinem Buch oder sich selbst als AutorIn nach außen hin zu zeigen. Neben Authentizität muss man viel Zeit und Energie in seine Social-Media-Präsenz stecken. Vergesst dabei aber die Freude mit den eigenen Fans und LeserInnen zu interagieren und sich auszutauschen nicht. Dann zählt vor allem die gute Qualität des Contents, sprich Bilder, Text usw. Sucht auch den Kontakt zu BloggerInnen und stellt ihnen Gratis-Exemplare zur Verfügung. Auch ein Gewinnspiel ist als Interaktion immer ein guter Tipp. Dann noch eine Prise Geduld und die Social-Media- Maschine kommt ins Rollen.

Was gibst du Schreibanfängern mit auf den Weg? Was ist dein ultimativer Umsetzungstipp?

Man muss sich immer wieder hinsetzen und sich dazu antreiben auch nur das kleinste Wort zu tippen. Die Routine macht beim Schreiben auch viel aus. Dann geht mit Plan, viel Recherche und Struktur an die Sache. Versucht euch und euer Buch so gut wie möglich zu präsentieren und euren LeserInnen Qualität in jeder Hinsicht zu bieten.

MARTA RECHUL

Marta Rechul ist die Gründerin von liberaudio.

Gemeinsam mit ihrer Geschäftspartnerin Jessica Böhm, sorgt sie dafür, dass sich Experten mit einem Hörbuch in Audio-Kanälen positionieren, in ihrer Branche herausstechen und ein neues Publikum gewinnen.

WEBSEITE www.liberaudio.de

INSTAGRAM @liberaudio

FACEBOOK fb.com/liberaudio/

Ein Interview mit
Marta Rechul

Nutze ein Hörbuch als Marketingkanal

Nimm uns kurz mit in die Geschichte von liberaudio. Wer seid ihr und was verbirgt sich hinter liberaudio?

Die Idee für liberaudio entstand ca. 2015 als ich zum ersten Mal mit dem Thema Self-Publishing in Kontakt trat. Zuvor arbeitete ich als Sprecherin für Schulbuchverlage und sprach die Hörübungen und Hörtexte für die Schulbücher polnischer Schulen ein.

Da ich über ein eigenes Homestudio verfügte, lies ich damals immer mal wieder andere Erwachsene und Kids, die noch Laien waren, für die Hörtexte vorsprechen und einige bekamen die Jobs auch. Also hatte ich plötzlich nicht nur selbst Erfahrung als Sprecherin, sondern auch meine Skills als Trainerin entwickelten sich weiter, so dass ich Laien trainieren konnte, damit sie bessere Sprecher werden.

Als ich dann andere Selfpublisher kennenlernte, passiert etwas Besonderes. Das war in etwa 2015. Audible wurde in Deutschland immer größer und diese Selfpublisher wollten aus ihren Büchern nun auch Hörbücher machen.

Es gab 1000 Tonstudios in Deutschland, zig Sprecherdatenbanken - trotzdem wussten diese Selfpublisher nicht so recht, an wen sie sich wenden sollen, denn es waren Selfpublisher Bücher und keine Verlagsbücher.

Obwohl diese Bücher gut sind, sind sie eher günstig hergestellt im Vergleich zu Verlagsbüchern und daher wollte auch die Hörbuchproduktion günstiger sein.

Damit es günstig bleibt, beschloss ich andere Sprecher mit eigenem Homestudio zu suchen, die zwar etwas Erfahrung aber nicht unbedingt Profis waren, ich fand welche und so legten wir alle gemeinsam los mit der Hörbuchproduktion - liberaudio war geboren.

Obwohl diese Idee recht spontan kam, entwickelte sich daraus ein nachhaltiges Business, mit dem wir schon über 200 Autoren geholfen haben ihre Bücher zu vertonen und zu vertreiben.

Ende 2019 sind wir zu dem Schluss gekommen, dass wir auch eigene Hörbücher auf den Markt bringen möchten. Zum einen um selbst Impact zu liefern für diese Welt. Und zum anderen um Experten noch besser und individueller dabei zu unterstützen, sich in ihrer Branche auf der Poolposition zu positionieren.

Viele Autoren träumen davon, ihr Buch auch als Hörbuch anbieten zu können. Wie sieht eure Unterstützung aus?

Fakt ist, dass es unendlich viele Autoren und Bücher da draußen gibt, darunter dominieren Platzhirsche ½ bis ⅓ der jeweiligen Branche.

Die Frage ist also: Wie schafft es ein Autor, sich in seinem Markt seinen Anteil zu sichern und seine Reichweite und Sichtbarkeit zu erhöhen? Denn 90% der Autoren machen, was andere auch machen: Sie schreiben Bücher und betreiben Produktwerbung, die dazu führen soll ihre Bücher zu verkaufen. Dann kommen Autoren auf uns zu und möchten ein Hörbuch machen - weil andere es auch machen und weil sie sich davon mehr Umsatz versprechen.

Obwohl diese Aktivitäten ihre Vorteile haben, ohne Frage, haben sie auch zwei entscheidende Nachteile:

1. Es machen alle
2. Das Produkt Hörbuch verdient nicht so viel

Deshalb ist unser Ansatz anders: Wir unterstützen Sachbuch-Autoren im Hinblick auf ihre ganzheitliche Audio Marketing Strategie. Denn das Hörbuch ist mehr als nur ein Produkt. Es ist der Weg zu mehr Sichtbarkeit und Reichweite.

Das heißt, dass wir nicht nur ein Hörbuch produzieren, sondern das Hörbuch als Teil einer exponentiellen und innovativen Marketing Strategie betrachten.

Wenn wir das Hörbuch nicht mehr als Produkt betrachten, mit dem der Autor Geld verdient (oder auch nicht), sondern als Marketingkanal, um mehr Sichtbarkeit und Reichweite aufzubauen, dann generieren wir letzten Endes noch mehr Kunden, aber nicht nur fürs Hörbuch, sondern für das gesamte Angebot des Autors.

Wir machen:

1. Aus einem E-Book ein Hörbuch (+ Vertrieb über Audio-Kanäle)
2. Vertonung von Blogartikeln
3. Podcasts, die von Sprechern eingesprochen werden
4. Audiogramme für die Social Media Kanäle
5. Unternehmer-Biografie als Hörbuch
6. Workshops "Lesetraining"
7. Begleitung der Autoren ins Tonstudio, wenn sie selbst einlesen möchten

Warum lohnt es sich als Autor ein Hörbuch zu produzieren?

Autoren verdienen mit Hörbüchern zwischen 50 und 1000 € pro Monat. Das hängt von verschiedenen Faktoren ab, aber Fakt ist, dass man mit einem Hörbuch definitiv schwieriger Geld verdient als mit dem Buch - einfach deshalb, weil Audible einen sehr hohen Anteil aus den Erlösen für sich behält. Das ist sicherlich auch ein Grund, warum andere Hörbuch-Plattformen auch für Autoren immer interessanter werden.

Trotz der niedrigeren Erlöse, die am Ende für den Autor übrig bleiben, lohnt sich ein Hörbuch. Aber nur dann, wenn Autoren dieses als Marketingkanal nutzen.

Wie funktioniert das Hörbuch als Marketingkanal?

Zum einen, indem der Autor in seinem Hörbuch zum Beispiel auf seine Kernprodukte hinweist, die Leser dazu einlädt, sich in seinen Newsletter einzutragen, spezielle Download Materialien nur für die Hörbuch-Käufer auf seiner Website anbietet usw. Das können aber auch weitere Hörbücher sein, die er geschrieben hat. Das Ziel ist es, den Hörer auf seine weiteren Kanäle aufmerksam zu machen und ihn zu halten.

Zum anderen ist das Hörbuch aus einem professionellen Buchangebot nicht mehr wegzudenken. Es erhöht den Expertenstatus und wirkt professionell. Wer kein Hörbuch zu seinem Buch anbietet, das ist so, als würde man kein E-Book zum Taschenbuch anbieten. Ein schöner Vorteil eines Hörbuchs ist, dass der Content schon da ist und der Autor seinen Content mehrfach wiederverwertet. Er hat sogar aus den Hörbuchaufnahmen weiteres Marketingmaterial für seine Social Media Kanäle in Form von Hörproben und Audiogrammen.

Der Autor hat die Möglichkeit, zu einem Angebot drei Produkte zu launchen: das Taschenbuch, das E-Book und das Hörbuch. Man kann alle drei Produkte auf einmal launchen und bewerben. Man kann aber auch alle drei Produkte z.B. über ein Jahr lang nacheinander herausgeben und hat immer wieder einen Grund, Marketing und Werbung zu betreiben und beim Publikum im Gespräch zu bleiben.

Was sind die Grundlagen, um ein Hörbuch erstellen zu können?

1. Ein gutes Manuskript

Fehlerfrei, lektoriert. Das Manuskript wird für die Lesung vorbereitet: Bilder, Grafiken werden ausgeschreiben, bei Fremdwörtern die Aussprache notiert, URLs sollten so ausgeschrieben werden, dass man sie immer einheitlich ausspricht und nicht während der Lesung erst überlegt, wie will ich das alles aussprechen.

2. Gutes Equipment

Wer selbst einsprechen möchte:

- Gutes Homestudio-Equipment für Sprachaufnahmen
- Im Tonstudio, das auf Sprachaufnahmen spezialisiert ist

3. Gute Lesefertigkeiten

Wer eine schöne Stimme hat, kann noch lange nicht gut vorlesen. Daher mein Tipp: Trainiere deine Lese-Fertigkeiten und zwar so lange, bis der Text beim Lesen mehr vorgelesen wirkt. Sachtexte sind besonders schwierig vorzulesen, da sehr trocken. Hier einfach üben, üben und üben. Schreiben hast du auch nicht über Nacht gelernt. ;)

Hol dir am besten einen Coach oder besuche Workshops, um deine Lesefertigkeiten zu trainieren.

Natürlich sind gerade die Kosten ein wichtiger Punkt. Mit welchen Kosten muss ich rechnen, wenn ich mein Buch als Hörbuch auf den Markt bringen möchte?

Die Kosten hängen immer von der Länge des Buches ab, es gibt Tonstudios und Sprecher, die nach Laufzeit des Hörbuches abrechnen oder auch nach der Anzahl der Wörter im Buch.

Die Kosten hängen aber auch davon ab, wo und mit wem ich produzieren lasse:

- im Tonstudio mit Sprecher
- mit Profi-Sprechern oder eher Hobby-Sprechern, die das Hörbuch komplett einlesen und selbst produzieren
- ob ich selbst einlese usw.

Also entweder der Autor investiert in eigenes Equipment, das ihn um die 600 - 1000 € kosten kann. Oder er lässt es einsprechen, dann investiert er in den Sprecher und Tontechnik. Bei einer professionellen Produktion investieren Autoren ca. 450 und 800 € pro Laufzeitstunde oder pro ca. 8.000 Wörter.

Es geht auch günstiger. Für Sachbuch-Autoren bieten wir eine Gratis Hörbuchproduktion + Marketing gegen eine Umsatzbeteiligung von 60% an, sofern die Autoren bestimmte Bedingungen erfüllen.

Die meisten Autoren sprechen ihr Buch natürlich nicht selbst ein, sondern es ist sinnvoll diesen Part einem professionellen Sprecher zu überlassen. Wie finde ich die perfekte Stimme für mein Buch?

Gute Stimmen gibt es wie Sand am Meer. Die meisten Sprecher und Sprecherinnen sind in sogenannten Sprecherdatenbanken zu finden. Eine Idee wäre auch bei Audible zu schauen, welche Stimmen bei anderen Hörbüchern einem selbst gefallen und dann den Namen zu recherchieren. Das eigene Hörempfinden ist eine gute Voraussetzung für die endgültige Wahl der Stimme. Der Autor sollte die Stimme mögen, sonst stelle ich es mir schwierig vor, das Hörbuch gut zu vermarkten.

Darüber hinaus erweist sich die eigene Fangemeinde immer als guter Orientierungspunkt. Ich empfehle Autoren, der Community zwei oder drei Stimmen vorzuschlagen und ihr die Wahl zu überlassen. Obwohl die Stimme ein wesentlicher Aspekt des Hörbuchs ist, können die meisten Sprecher allein noch kein Hörbuch produzieren. Sie können das Manuskript einlesen. Aber die wenigsten können eine ausreichende Audio-Soundbearbeitung vornehmen. Besonders bei Belletristik Hörbüchern empfehle ich Autoren daher sich eher an ein Tonstudio zu wenden, das bereits Erfahrung darin hat, Hörbücher für Audible zu produzieren. Es stellt Sprecher zur Verfügung und versteht sein technisches Handwerk einfach besser.

Was sind deine ultimativen Hörbuch-Tipps für Autoren?

Sofern Autoren direkt zu Beginn schon wissen, dass sie das Buch später als Hörbuch anbieten wollen, habe ich ein paar Tipps:

1. Schreibe dein Buch ohne Fußnoten, erstelle lieber am Ende eine Quellenangabe
2. Lasse es von einem Profi lektorieren
3. Lasse dir ein professionelles modernes Cover gestalten
4. Überlege dir eine Strategie, wie du deine Leser und später Hörer weiter halten möchtest und leite sie auf die entsprechenden Kanäle (Newsletter, Download-Seite, Rezensionsseite, Kernprodukte)

Mit diesen Basics wird es einfacher das Buch als Hörbuch zu vertonen und erfolgreich zu vermarkten.

MEI WENGEL

Mei ist Gründerin der WandelSchule, der WandelKongresse und jetzt auch der BeziehungsSchule mit Hendrik Roggemann.
Als Bändigerin von Ängsten und Erschafferin neuer Glaubenssätze durchleuchtet sie mit dir deine innere Wahrheit und verbindet dich mit deiner Intuition. Sie hilft dir dabei mehr Selbstsicherheit zu gewinnen um die Veränderungen in deinem Leben voranzubringen, die du dir wünschst. Dabei unterstützt sie dich, deine eigene Wahrheit anzunehmen, die Beziehung zu dir Selbst zu verbessern und den Mut zu finden, dein Leben zu verändern und so zu gestalten, dass du es mit Leichtigkeit und Freude leben kannst. Zusätzlich inspiriert sie durch ihre Online Kongresse und mit dem WandelMagazin, der als Podcast, Newsletter oder Video über die WandelSchule Facebook Gruppe erhältlich ist.
Ihre Vision: Dich dabei zu unterstützen dein aussergewöhnliches ICH zu leben!

WEBSEITE
www.wandel.schule

INSTAGRAM @mei.wengel.de
FACEBOOK fb.com/ meiwengelgoyburu

Ein Interview mit
Mei Wengel

Triff bewusst die Entscheidung ein Buch zu schreiben

Nimm uns kurz mit in deine persönliche Geschichte. Wie hat alles angefangen?

Nach meiner persönlichen Selbstfindungsreise, in der ich mein Sein und meine Bestimmung als WandelCoach fand, wusste ich, dass ich andere Menschen unterstützen kann genau diese Themen für sich zu verarbeiten. Herauszufinden wer sie selber sind, was für sie „Sinn" macht und wie sie ihr Leben gestalten möchten. Die Sicherheit und den Mut zu finden ihre Träume dann auch umzusetzen. Da ich neben meiner spirituellen Seite auch eine sehr technische Seite habe, eröffnete sich mir mit der Digitalen Welt Möglichkeiten die ich in einer Praxis an einem Ort nicht gehabt hätte. So begann mein Weg mit einem Online Kongress zum Thema „Burn- und Bore Out". Durch diesen entstand die WandelSchule. Die später mit einem Mitgliederbereich und verschiedenen Online Produkten erweitert wurde.

Im letzten Jahr habe ich mich intensiv mit meinen Beziehungsthemen beschäftigt. Daraus entstand die Beziehungs.Schule zusammen mit Hendrik Roggemann.

In beiden Schulen kann ich all meine gewonnen Erkenntnisse und Erfahrungen Teilen und durch meine Coachings Menschen unterstützen die sich in ähnlichen Situationen befinden.

Wie bist du vom Träumen ins Umsetzen gekommen und was hat dir dabei geholfen?

Träumen ist wichtig. Und jeder Traum beginnt mit dem ersten Schritt und so habe ich angefangen. Ich versuche jeden Tag ein Stückchen mehr meinem Traum umzusetzen. Der Traum ist erstmal riesengroß und der erste Schritt beginnt mit der Entscheidung den Traum umzusetzen. Und dann kleine Schritte machen. Von Konfuzius kommt der Satz „hast Du es eilig gehe langsam, hast Du es sehr eilig, mache einen Umweg". Also immer wieder in sich selbst reinfühlen, was brauche ich gerade? Und wenn es mal ein Tag Ruhe ist, sich diesen auch ohne schlechtes Gewissen zu gönnen, weil man dann mit viel mehr Kraft in die Umsetzung gehen kann. So kommt man oft schneller voran.

Wie wichtig ist die Beziehung zu uns selbst und zu andern in Bezug auf die Verwirklichung unserer Träume?

Desto besser meine Beziehung zu mir ist, desto besser kenne ich mich und desto besser kann ich mich selbst akzeptieren. Desto besser sehe ich auch was ich schaffe und kann und habe somit Sicherheit was ich erreichen und schaffen kann. Eine gute Beziehung zu mir selbst bedeutet auch mehr Selbstliebe. Wenn ich nicht fein bin mit mir selbst, erlaube ich mir gar nicht, dass sich meine Träume verwirklichen dürfen.

Warum ist die richtige innere Einstellung beim Schreiben eines Buches so wichtig?

Die innere Einstellung ist grundsätzlich bei Allem sehr wichtig. Wenn du dich beim Schreiben verzettelst oder einen zu hohen Anspruch an dich selbst hast, dann kommt der Druck. Und mit dem Druck kommen Schreibblockaden. Ein Buch sollte fließen. Wenn ich die innere Einstellung habe und mir erlaube, dass das Buch aus mir herausfließen darf, dann schaffe ich das auch. Wenn meine Einstellung aber hoch perfektionistisch ist, setze ich mich wieder unter Druck und ich kann nicht mehr schreiben.

Was sind deine ultimativen Tipps für Schreibanfänger?

Triff bewusst die Entscheidung ein Buch zu schreiben und dann kommen die nächsten Schritte wie von selbst und du kommst ins Tun.

Motiviere dich zum Schreiben.

Schreib in erster Linie für dich selbst.

Hol dir Unterstützung bei Sachen, die nicht gut laufen z.B. Experten für Software, den Schreibprozess, das Lektorat, etc.

MELANIE WEBER-TILSE

Melanie Weber-Tilse steht für außergewöhnliche Geschichten, lebendige Protagonisten und intensive Gefühle. Sie ist die Person hinter dem Künstlernamen Kitty Stone und die ruhige Hand, die Ordnung ins kreative Chaos des Hauses Stone bringt, dem auch ihr Lebensgefährte Mike Stone angehört. Als Romance-Autorin hat sie schon vor dieser unanständigen und dabei sehr fruchtbaren Verbindung Herzen höherschlagen lassen, bevor sie ihr Wirkungsgebiet nun auch auf die Höschen-Zone auszudehnen beschloss.

WEBSEITE www.weber-tilse.com
INSTAGRAM @kittystone.autorin
FACEBOOK fb.com/miklanie

Ein Interview mit
Melanie Weber-Tilse

Üben, üben, üben

Nimm uns kurz mit auf deine persönliche Reise. Wie hat alles angefangen und wie bist du zum Schreiben gekommen?

Bei mir war es kein klassischer Einstieg, wie es bei vielen der Fall war. Ich wollte nicht von klein auf Autorin werden. Ich habe für ein Hundemagazin Artikel und Blogbeiträge verfasst und war im dortigen Forum unterwegs. Eine befreundete Hundehalterin schrieb dann irgendwann in der Plauderecke, dass sie ihr erstes Buch über Amazon veröffentlich hätte. Da wurde ich hellhörig und ich fragte sie aus. Mein Interesse war geweckt und ich probierte es im Sommer 2015 einfach aus.

Wie bist du vom Träumen ins Umsetzen gekommen und wie lange hast du für dein erstes Buch gebraucht?

Geträumt habe ich nicht davon, sondern bin direkt, als ich hörte, dass man nicht mehr zwingend über einen Verlag gehen muss, an die Umsetzung gegangen. Das Schreiben hat nicht lange gedauert. Tut es auch heute nicht.

Für das reine Schreiben habe ich drei Monate benötigt. Dagegen hat die Recherche danach viel mehr Zeit beansprucht. Da ich mein Buch als Selfpublisherin herausbringen wollte, musste ich mich mit den ganzen Themen, die einem der Verlag normalerweise abnimmt, befassen. Ich musste mich mit Cover, Korrektorat/Lektorat, Buchsatz, Ebookformat, Werbung, Steuer etc. beschäftigen.

Stichwort Selfpublishing. Du verlegst deine Bücher selbst. Was sind hier deine Erfahrungen und was sind die Vorteile für dich als Autorin?

Selfpublishing ist nicht für jeden Autor etwas. Du musst die Kosten für alles selbst tragen. Das fängt beim Cover an, geht über das Korrektorat und den Buchsatz bis hin zur Werbung. Wenn man nicht vieles selbst übernehmen kann - und das sollte jeder Autor realistisch betrachten - und man ein gewisses Niveau liefern möchte, muss man auch Dinge, wie z. B. Cover, Korrektorat etc. abgeben und dafür bezahlen.

Nach jetzt vier Jahren kann ich sagen, dass ich keinen anderen Weg einschlagen möchte. Ich bin mein eigener Herr, ich bestimme, was aufs Cover kommt, über was ich schreibe und wann es veröffentlicht wird. Ich setze mir selbst meine Fristen und weiß, was ich investieren muss – an Arbeit und an Geld. Außerdem muss ich nur mit Amazon und dem Finanzamt meine Einnahmen teilen und es hängt nicht noch ein Verlag dazwischen.

Stichwort Marketing: Was ist dein persönlicher Marketingtipp, der dir hilft, dich und deine Bücher bekannt zu machen?

Ich habe 2015 mit einer Facebook-Seite angefangen und mich immer weiter „ausgebreitet". Instagram, Homepage, Newsletter, Shop, bald einen Youtube-Kanal. Es gibt nicht den Tipp. Man muss dranbleiben und Arbeit investieren. Sich als Autor, sich als Marke aufbauen. Nichts anderes tun auch Verlage. Nur, dass sie natürlich meist größer sind und ihre Kanäle zum Werben haben. Aber auch als Selfpublisher kannst du das schaffen.

Du schreibst auch unter dem Pseudonym „Kitty Stone". Wie ist es dazugekommen und wann ist es als Autor sinnvoll ein Pseudonym zu nutzen?

Zuerst war der Gedanke, dass ich meine sehr heißen, erotischen Kurzgeschichten klar von Melanie Weber-Tilse abtrennen wollte. Den Namen Kitty hatte mir mein Lebensgefährte, Mike Stone, beim Chatten gegeben. Als wir dann ein Paar wurden und anfingen zusammen Bücher zu schreiben, harmonierte der Name einfach besser auf den Covern.

Ein Pseudonym kann sinnvoll sein, wenn man verschiedene Genres bedient, die sich sehr stark voneinander unterscheiden. Z. B. Kinderbücher und Erotik. Aber auch, wenn der eigene Name auf einem Buch einfach blöd aussieht. Und natürlich, wenn der Arbeitgeber oder die Verwandtschaft/Freunde/das Umfeld nicht mitbekommen sollen, dass man Bücher schreibt. Nicht jeder hat Verständnis, dass man als Bankangestellter über Raub schreibt, als Grundschullehrer über harten, heißen Sex, oder als Kirchenmitglied über Mord und Totschlag. Hier sollte man dann auch über ein geschlossenes Pseudonym nachdenken.

Was sind deine ultimativen Tipps für Schreibanfänger?

Es klingt so abgedroschen, aber üben, üben, üben. Schreiben, schreiben, schreiben. Stelle deine Übungswerke auf Plattformen, wie z. B. Wattpad ein, frage Bekannte oder auf Facebook in Gruppen für Testleser an, damit dein Werk vor einer Veröffentlichung gelesen wird. So bekommst du Feedback, was du verändern und verbessern solltest.

Lies viel, schau dir die Formulierungen anderer an, die dir gefallen und entwickele dann deinen eigenen Stil. Nur wer viel und kontinuierlich schreibt, der kann immer besser werden.

Und nicht entmutigen lassen. Jeder große Autor hat genug Texte in die Tonne gekloppt, weil sie einfach schrecklich waren. Nicht aufgeben, durchatmen und dann weiterschreiben!

MICHAEL TOMOFF

Michael Tomoff hat mit „Was Wäre Wenn" den größten deutschsprachigen Blog über Positive Psychologie kreiert. Warum? Weil er seine umfänglichen Kenntnisse aus Management Diagnostik und Unternehmensberatung mit der Positiven Psychologie verbinden und so vielen Menschen wie möglich zugänglich machen möchte. Er bringt mit viel Humor und seinem scharfen Blick für Stärken neue Perspektiven in die Köpfe und hilft Teams auf die Sprünge zu mehr Selbstverantwortung und besserer Zusammenarbeit. Michael ist 5-facher Autor, Speaker, Trainer und Coach und erzählt leidenschaftlich inspirierende Geschichten.

HOMEPAGE

http://tomoff.de

Ein Interview mit
Michael Tomoff

Anfangen ist der Schlüssel, die Routine das Erfolgskonzept

Nimm uns kurz mit in deine persönliche Geschichte. Wie bist du Experte für das Thema Stärken leben geworden?

Nach Jahren der Personaldiagnostik (und dem Ausüben von Assessment Centern) habe ich mich gefragt, wie lange ich den Fokus auf die Defizite von Menschen noch aushalten würde. In meiner ersten 10-monatigen Elternzeit kam ich dann zu dem Schluss, dass die Antwort „gar nicht mehr" war. Das hat zur Kündigung in der Elternzeit geführt und zu meinem aufregenden Start in die Selbstständigkeit als Positiver Psychologe.

Stärken hat jeder und nach meiner Erfahrung aus zahlreichen Coachings und Seminaren haben die wenigsten ihre Kernstärken im Blick und wissen diese demnach auch nicht zielgerichtet einzusetzen. Der Bedarf an einer positiven Weltsicht (manchmal scheint mir die Sonne wirklich aus dem Allerwertesten...) und dem Blick für Stärken für meine Kunden ist riesengroß - und scheinbar ist das eine meiner größen Stärken: bei anderen Stärken entdecken, beobachten und zusammen mit meinem Gegenüber auf die Straße zu bringen, so dass am Ende viel Energie frei wird und tolle Erfolge möglich werden.

Darüber Bücher zu schreiben, kam mir erst in den Sinn, als mich genügend Freunde immer wieder mit der Nase reingestoßen haben und meinten, dass ich da wertvolles Wissen hätte, was bestimmt jemanden interessiert. Und das tat es... Mittlerweile habe ich vier eigene Bücher geschrieben (und dabei viel über Stärken und das Bücherschreiben gelernt) und bei mehreren mitgewirkt.

Eine der größten Hürden beim Thema Buch Schreiben ist es, vom Träumen in die Umsetzung zu kommen. Was sind deine Tipps, damit man endlich seine Träume lebt und auch erreicht?

Kleine Schritte, dafür aber jeden Tag dranbleiben. Wie bei jeder Gewohnheit ist es extrem wichtig, anhand von Wiederholungen eine Routine zu schaffen, an die sich der Körper und der Geist gewöhnen kann. Feste Orte, feste Zeiten, möglichst ungestörtes Arbeiten, einen Schreib-Buddy an der Seite und sich - nach getaner Arbeit - auch mit etwas Schönem zu belohnen, damit die Motivation oben bleibt.

Und ein nicht zu unterschätzendes Hilfsmittel: die Deadline.

Selbstzweifel sind auf dem Weg zum eigenen Buch ein großes Thema. Kann ich das überhaupt, wird das jemand lesen, schreibe ich gut genug...Was kann ich gegen diese Selbstzweifel tun?

Unser Innerer Kritiker ist dabei natürlich wie so oft anderer Meinung. Er redet uns ein, dass es viel zu anstrengend ist, ein Buch zu schreiben, zeitlich gerade auch überhaupt nicht passt und man sowieso nichts zu sagen hat, was aufgeschrieben werden sollte. Aber jede Innere Kritikerin lässt sich sicherlich darauf ein, nur fünf Minuten am Tag zu schreiben - nur so aus Spaß und ohne großen Qualitätsanspruch... Und das ist eure Hintertür. ;-)

Einen psychologischen Fakt möchte ich nicht verschweigen, denn er könnte wichtig für dich sein: „gute" Gewohnheiten (wie das Schreiben) kosten erst einmal Kraft und entfalten erst später ihre Wirkung. „Schlechte" Gewohnheiten (wie z.B. das Trinken von Softdrinks) sind erst schön und präsentieren euch dann dafür später die Rechnung.

Du hast selbst schon mehrere Bücher geschrieben und veröffentlicht. Was war für dich die größte Hürde und wie hast du diese gemeistert?

Ich habe mein erstes Buch während meiner Elternzeit geschrieben. Das heißt, ich habe den gesamten Tag einen Kinderpopo abgewischt, das Kind gefüttert, mir Geschreie angehört, den Clown gemimt, war auf Kommando die Spaßkanone und bin auch nachts ziemlich häufig wach geworden. Trotzdem habe um 20 Uhr abends relativ zerstört am Schreibtisch gesessen und meine Regel gehabt, zumindest 10 Minuten weiter zu schreiben. Und wer hätte das gedacht: die meisten dieser Schreibabende habe ich um 1 Uhr nachts beendet, weil ich mich kaum aus meinem Flow reißen konnte. Anfangen ist der Schlüssel, die Routine war mein Erfolgsrezept.

Wie stehst du dazu sich Unterstützung von außen z.B. durch Experten / Coaches zu holen?

Hätte ich damals jemanden zur Seite gehabt, der mich mit dem Wissen versorgt hätte, das ich mir selbst durch Fehler und viele Schleifen angeeignet habe, wäre ich wesentlich schneller fertig geworden und hätte wahrscheinlich auch weniger frustrierte Momente gehabt. Aber damals bin ich einfach noch nicht auf die Idee gekommen, mich einem effektiven Programm wie eurem anzuschließen. Wir hatten ja damals nichts...

Was ist dein ultimativer Umsetzungstipp für angehende Autoren?

Die Frage habe ich oben schon beantwortet: Mit kleinen Zielen anfangen und darauf aufbauend Gewohnheiten etablieren. Und Zehnfingertippen kommt noch als Tipp dazu.

MILAN GRÜNEWALD

Milan Grünewald absolvierte sein Film-Diplom an der renommierten Kunsthochschule für Medien Köln. Seit 12 Jahren arbeitet er als freier Gestalter und Videoproduzent für verschiedene Kunden. Vom selbstständigen Autor, über den kleinen Buchverlag, bis hin zum Großkonzern. Erfahrungen im Webdesign und Online-Marketing sammelte er unter anderem beim EGMONT Verlag. Seit 2008 produziert er Buchtrailer und entwickelte daraus 2013 sein Kerngeschäft. Das Buchtrailer-Büro gibt es seit 2017 in der Kölner Innenstadt. Neben seiner Leidenschaft für das audiovisuelle Medium ist er begeisterter Autor und Lyriker, sowie Mitglied der Jungen Verlagsmenschen.

WEBSEITE www.buchtrailer.net

INSTAGRAM @buchtrailer

FACEBOOK fb.com/buchtrailerspezialist

YOUTUBE youtube.com/buchtrailernet

Grünewald Buchtrailer

Schillingstr. 9, 50670 Köln

contact@buchtrailer.net

+49 221 63061697

Ein Interview mit
Milan Grünewald

Ein guter Buchtrailer kann in nur wenigen Sekunden die Stimmung eines Buches vermitteln

Nimm uns kurz mit auf deine persönliche Reise. Wie hat alles angefangen? Was hat für dich den Ausschlag gegeben, dass du Buchmarketing-Experte mit Buchtrailern geworden bist?

Ich habe schon in frühen Jahren eine Leidenschaft für die Kombination des literarischen und filmischen Mediums entwickelt und mich in meinem Studium damit auseinandergesetzt. In meiner Vordiplomarbeit an der Kunsthochschule für Medien Köln habe ich zum Beispiel gleichzeitig einen Roman geschrieben und einen dazugehörigen Film gedreht. So entstanden auch am Filmset wieder neue Ideen, die wiederum die Entwicklung des Buchs beeinflussten. Um mein Studium zu finanzieren habe ich außerdem oft freiberuflich für den Egmont Verlag im Online Marketing gearbeitet. Aus diesen drei Kerntätigkeiten hat sich eine regelrechte Leidenschaft entwickelt und so habe ich nach dem Studium das Buchtrailer-Büro in Köln und Grünewald Buchtrailer gegründet.

Es heißt immer, man muss vom Träumen in die Umsetzung kommen, wenn man seine Träume realisieren möchte. Hast du bestimmte Strategien / Herangehensweisen, die dir dabei helfen in die Umsetzung zu kommen?

Struktur und gute Zeitplanung ist sicher immer ein guter Start. Bei wichtigen Entscheidungen versuche ich aber immer auf meine Intuition zu hören. Dabei hilft auch mal automatisches Schreiben oder sonst eine Form von Trancearbeit. Das muss nicht immer gleich eine Meditation sein. Mein Prof. an der Kunsthochschule riet zum Beispiel immer ein Mittagsschläfchen zu machen, wenn man beim Schreiben mal nicht weiter weiss. Danach hatte er meist den zündenden Geistesblitz.

Gehen wir noch mal tiefer auf das Thema Buchtrailer ein: Wofür kann ich Buchtrailer verwenden und warum passen Video und Buch hier so gut zusammen?

Ein guter Buchtrailer kann in nur wenigen Sekunden die Stimmung und den Kern eines Buches vermitteln, ohne dem Zuschauer schon zu viel vorwegzunehmen. Quasi wie ein Kinotrailer, nur für Bücher. Durch den Videotrailer kann der Betrachter erahnen, was er beim späteren Lesen empfinden wird. Es handelt sich im Grunde um ein Versprechen, noch vor Kauf des Buchs. Anders verhält es sich natürlich bei einem Sachbuch. Hier kann man sich dem Stilmittel des Erklärfilms bedienen, der dem Zuschauer etwas Neues beibringt und ihn so neugierig auf weitere Inhalte des Buchs macht.

Verwendet werden kann der Buchtrailer dann natürlich für die Vermarktung des eigenen Buches. Da das Thema Videomarketing immer weiter an Bedeutung gewinnt, werden Videowerbeanzeigen von allen großen Plattformen, wie zum Beispiel Facebook, favorisiert und auch Google platziert Websites mit Video weiter oben im Ranking.

Stichwort Marketing. Für Autoren - gerade für Selfpublisher - ein super wichtiges Thema und doch wird es oft vernachlässigt. Welche Marketing-Strategien legst du Autoren ans Herz?

Ein guter Buchtrailer kann dem Autor auf jeden Fall helfen aus der großen Masse an jährlichen Neuerscheinungen herauszustechen. Hierzu muss der Trailer vor allem online richtig platziert und umfassend eingesetzt werden. Es reicht nicht, den Buchtrailer nur auf einer Plattform zu posten, so wird er nur wenig Aufmerksamkeit erhalten. Stattdessen muss das Video auf allen gängigen großen Social Media Plattformen wie Instagram, Facebook, YouTube und Twitter platziert werden. Zusätzlich lohnt es sich, je nach Trailer diesen auch auf LinkedIn oder Xing zu posten. Zudem darf die richtige Verschlagwortung auf keinen Fall vernachlässigt werden, denn nur so kann der eigene Trailer bei der Suche schneller und einfacher gefunden werden.

Ein weiterer Tipp für eine erfolgreiche Marketing-Strategie ist eine gute Mischung aus kostenlosen und kostenpflichtigen Einsatzmöglichkeiten zu nutzen. Ich lege meinen Kunden immer ans Herz alle kostenlosen Marketingoptionen auszunutzen, jedoch lohnt es sich vor allem zu Beginn Geld in kostenpflichtige Werbeanzeigen zu investieren. Das Schalten von zielgerichteten Werbeanzeigen kann vermeiden, dass der Buchtrailer in der Menge der täglich hochgeladenen Inhalte untergeht. Zudem hat der Autor bei besonders bei Facebook und Google Ads die Möglichkeit seine Zielgruppe sehr spezifisch einzugrenzen.

Was ist dein ultimativer Umsetzungstipp für Autoren, den man direkt in die Tat umsetzen kann?

Um spannende Inhalte, wie zum Beispiel einen Buchtrailer, zielgerichtet und schnellstmöglich an die Zielgruppe zu bringen, sollten sich Autoren, die ihr Marketing selbst in die Hand nehmen wollen, frühestmöglich mit Google Ads und Facebook Werbeanzeigen beschäftigen. Die richtigen Einstellungen sind nicht immer ganz einfach und der Werbeanzeigenmanager auf den ersten Blick vielleicht unübersichtlich. Mit etwas Einarbeitung kann man hier aber schnell Ergebnisse erzielen ohne all zu viel Geld durch falsche Einrichtung zu verschwenden.

MONIKA SCHULZE

Monika wurde 1983 geboren und führt seit 2012 einen Buchblog mit dem Namen „Süchtig nach Büchern". Neben dem Lesen und Rezensieren hat sie es sich zur Aufgabe gemacht, Autoren beim Buchmarketing zu unterstützen. Dabei stellt sie Kontakte zu anderen Bloggern und Dienstleistern her, organisiert Buchaktionen in den Sozialen Medien und berät Autoren allgemein, was man in der Zusammenarbeit mit Bloggern beachten muss oder welche Aktionen man zum Buchmarketing starten könnte. Dafür erstellt sie im Januar auch eine eigene Seite: Das Autoren-Navi. Dort sollen Autoren Hilfen rund um die Buchveröffentlichung finden. Die Zusammenarbeit zwischen Autoren und Bloggern ist ihr Herzensthema, denn gemeinsam kann man so viel mehr schaffen und all die wundervollen Geschichten in die Welt hinaustragen.

WEBSEITE www.suechtignachbuechern.de | www.autoren-navi.de

INSTAGRAM @suechtignachbuechern

FACEBOOK fb.com/Süchtig-nach-Büchern-285568718156672/

Ein Interview mit
Monika Schulze

Die Zusammenarbeit mit Buchbloggern als perfekte Ergänzung zu deinem Buchmarketing

Erzähl uns doch mal deine persönliche Geschichte. Wie bist du Buchbloggerin geworden?

Eigentlich war ich nur auf der Suche nach Gleichgesinnten, da ich in meiner Gegend niemanden habe, mit dem ich über Bücher reden kann. Deshalb habe ich mich in Facebook durch diverse Buchgruppen geklickt und bin dort schnell auf die ersten Buchblogs gestoßen. Als ich diese sah, war mir klar, dass ich so etwas auch wollte: Meine Leseeindrücke festhalten und mit anderen teilen. Also habe ich mich mit diesem Thema beschäftigt und schnell einen eigenen Blog auf die Beine gestellt. Allerdings hätte ich nie im Leben damit gerechnet, wie sich dieser entwickeln würde.

Nimm uns mal mit in deinen Tag als Buchbloggerin. Wie sieht die Zusammenarbeit mit Autoren aus?

Meine Tage sind tatsächlich sehr unterschiedlich, da mein Blog „nur" ein Hobby ist und ich deshalb nur daran arbeiten kann, wenn meine Zeit es zulässt. Einen richtigen Tagesablauf gibt es bei mir deswegen nicht. Um meine Blogarbeit zu strukturieren arbeite ich sehr viel mit Listen. Dort halte ich Termine fest, notiere meine To-Dos und sortiere sie nach Dringlichkeit. Diese arbeite ich dann nach und nach ab.

Den Abend nutze ich fast immer zum Lesen. Da bleibt auch häufig der Laptop aus und ich tauche in neue Welten ein und entspanne so richtig.

Die Zusammenarbeit mit Autoren ist so unterschiedlich, wie die Leute selbst. Meist werde ich von Autoren angeschrieben und um Hilfe gebeten. Ich sehe mir dann das Buch an und bespreche mit den Autoren, was möglich wäre oder leite sie an andere Kontakte weiter, falls ich selbst nicht helfen kann. Wichtig ist, möglichst genaue Absprachen zu treffen, gegenseitige Erwartungen abzuklären und ehrlich und respektvoll miteinander umzugehen. Das bildet eine gute Basis für eine zufriedenstellende Zusammenarbeit auf beiden Seiten.

Welche Buchblog Aktionen funktionieren besonders gut und wovon sollte man die Finger lassen?

Mittlerweile rate ich allen Autoren von Blogtouren ab. Diese waren sehr lange beliebt und boten Autoren eine gute Möglichkeit, ihr Buch genauer vorzustellen. Inzwischen werden diese jedoch kaum noch verfolgt.

Deshalb empfehle ich immer, Aktionen individuell auf das Buch anzupassen und von den Standardbeiträgen wie z.B. Buchvorstellung, Autoren- und Protagonisteninterviews usw. wegzukommen.

Ansonsten ist es schwierig, zu sagen, diese oder jene Aktion funktioniert gut, da das von sehr vielen Faktoren abhängt. Meine Devise lautet deshalb immer: Einfach auszuprobieren und aus den Erfahrungen Schlüsse ziehen und lernen. Ich denke beim Buchmarketing kann man nur sehr wenig falsch machen, also einfach trauen.

Stichwort Marketing: Was ist dein persönlicher Marketingtipp für Autoren, der hilft sichtbar zu werden?

Vernetzung. Meiner Meinung nach wird man nur gesehen, wenn man in den Sozialen Medien auch viel Kontakt mit anderen hat, sei es mit

Bloggern, Kollegen oder Lesern. Beteilige dich an Diskussionen in Buchgruppen, kommentiere Beiträge von Bloggern und organisiere gemeinsame Aktionen. Nur, wer selbst aktiv ist, wird auch wahrgenommen.

Welche Vorteile bringt einem Autor die Zusammenarbeit mit Buchbloggern?

Die Zusammenarbeit mit Bloggern ist (meist) kostenlos und deshalb eine günstige Form der Werbung. Allerdings darf man sich nicht der Illusion hingeben, dass eine gemeinsame Aktion mit einem Blogger sofort zu einem Anstieg der Verkaufszahlen führt. Hierbei geht es vielmehr um Sichtbarkeit. Man kann sich und sein Buch / seine Bücher präsentieren und sich damit vielleicht sogar als Marke etablieren.

Durch die Zusammenarbeit kann sich auch eine längerfristige Beziehung ergeben. Viele Autoren halten inzwischen schon jahrelang Kontakt mit „ihren“ Bloggern, die ihnen bei einer neuen Veröffentlichung dann meist schon automatisch zur Seite stehen und die Werbetrommel für sie und ihr neues Werk rühren.

Was sind deine ultimativen Tipps für Schreibanfänger?

Mache dir frühzeitig Gedanken um das Buchmarketing. Das beginnt nämlich nicht erst am Tag der Veröffentlichung, sondern weitaus früher. Es gibt viele Möglichkeiten, schon im Vorfeld auf sein Buch aufmerksam zu machen und gerade auch die Zusammenarbeit mit Bloggern bedarf einer gewissen Vorlaufzeit. Also erstelle schon während des Schreibprozesses einen konkreten Marketingplan, an dem du dich orientieren kannst.

SABRINA HEILMANN

Ihre Leidenschaft zum Schreiben entwickelte Sabrina Heilmann bereits in jungen Jahren. Sie wurde 1991 in Elsterwerda geboren und wuchs in einem kleinen Dorf in Sachsen auf. Nun lebt sie mit ihrem Mann in dem Städtchen Großenhain. Die Siebenundzwanzigjährige schreibt hauptberuflich und träumt sich dabei gern zu den romantischsten Orten der Welt. Neben dem Schreiben interessiert sie sich auf für Fotografie. Ihre Lieblingsmotive sind die schöne Landschaft ihrer Heimat, aber auch von Menschen vergessene, längst vergangene Schönheiten.
Seit Dezember 2015 führt sie den Blog »Herzemotion«, in welchem sie bewegende, traurige und fröhliche Geschichten ganz normaler Menschen erzählt.
In den letzten vier Jahren veröffentliche die junge Autorin über zwanzig Romane im Selbstverlag. Ihr Roman »Ein Winter in Paris« erschien bei Montlake Romance. Unter dem Pseudonym „Lucie Heart" veröffentlichte sie 2016 den #1 Amazon & Bild-Bestseller „Mister Mysterious".

WEBSEITE
www.sabrinaheilmannautorin.de

INSTAGRAM @sabrinaheilmannautorin
FACEBOOK fb.com/sabrinaheilmann.autorin

Ein Interview mit
Sabrina Heilmann

Quäl dich nicht mit Selbstzweifeln!

Nimm uns kurz mit auf deine persönliche Reise . Wie hat alles angefangen und wie bist du zum Schreiben gekommen?

Ich habe bereits im Alter von vierzehn Jahren mit dem Schreiben von Fanfictions begonnen, welche ich auch auf diversen Portalen online gestellt hatte. Daraus entwickelten sich immer mehr Liebesromane. Während meines Studiums wurde mir klar, dass ich irgendwann vom Schreiben leben möchte. Ich nahm an Anthologieausschreibungen teil und lernte dadurch eine liebe Autorenfreundin kennen, die mir bei der Veröffentlichung meines Debütroman »Am Ende des Horizonts« half. Seitdem habe ich über zwanzig Romane veröffentlicht, sowohl bei einem Verlag, als auch im Selfpublishing.

Wie bist du vom Träumen ins Umsetzen gekommen und wie lange hast du für dein erstes Buch gebraucht?

Ich hatte schon immer den Wunsch, meine Romane mit anderen zu teilen, um Feedback zu erhalten. Meine Fanfictions stellte ich schon kurz nach dem Schreiben online.

Irgendwann entwickelte sich daraus der Wunsch, endlich ein gedrucktes Buch in den Händen zu halten. Ich hörte auf zu träumen und formulierte meine Ziele klar. Wenn du ein klares Ziel vor Augen hast, ist es leichter darauf hinzuarbeiten und es umzusetzen.

Was war für dich die größte Herausforderung nach der Veröffentlichung?

Meine größten Herausforderungen waren der Erwartungsdruck und die Selbstzweifel. Es hat einige Jahre gebraucht, bis ich begriffen habe, dass ich meine Romane nicht für andere, sondern für mich schreibe. Ich musste lernen, das Autorinsein für mich bedeutet, meine Komportzone zu verlassen und an Herausforderungen - seien es Lesungen, Buchmessebesuche oder nur der Kontakt mit anderen Autoren - zu wachsen, anstatt mich zu verstecken und zu sagen: »Ach nein, das kann ich sowieso nicht.« Herausforderungen sind gut, um sich weiterzuentwickeln. Jeder sollte sie als Chance sehen.

Wie haben dein Umfeld und deine Familie auf dein erstes eigenes Buch reagiert?

Meine Familie hat mich von Anfang an unterstützt und war sehr stolz, als mein erster Roman erschien. Das ist heute noch so. Meine Familie ist mein Rückhalt. Sie fangen mich in Zeiten auf, in denen es mir nicht gut geht, und ich weiß, dass ich mich in jeder Lebenslage auf sie verlassen kann. Mein Mann plottet mit mir sogar manchmal Ideen.

Stichwort Marketing: Was ist dein persönlicher Marketingtipp, der dir hilft, dich und deine Bücher bekannt zu machen?

Mein Geheimtipp ist eindeutig: Instagram! Dort kannst dort nicht nur deine Kreativität bei der Feedplanung ausleben und deine Romane und deinen Autorenalltag schön in Szene setzen, sondern kannst durch Storys und IGTV direkt in Kontakt mit deinen Lesern kommen. Die Buch- Community ist nirgendwo so stark wie auf Instagram und wird noch immer völlig unterschätzt.

Bist du eher Einzelgängerin oder bist du mit anderen Autoren vernetzt und wie wichtig ist dir das?

Eine Mischung aus beidem, würde ich denken. Ich muss gestehen, dass ich gern mein eigenes Ding mache, aber - und das ist ein ganz wichtiger Punkt - das Autorenleben wird schnell einsam, wenn man sich immer nur in seinem stillen Kämmerchen versteckt und vor sich hin werkelt. Diese Erfahrung habe ich gemacht und war damit nicht glücklich! Mittlerweile bin ich ein riesiger Fan gemeinsamer Schreibsession mit Kolleginnen und Kollegen. Zusammen zu schreiben, und sei es nur über das Internet, ist ein unheimlicher Motivationsboost! Dein Projekt wird es dir danken und deine Wohlbefinden ebenfalls. Gemeinsam ist man stärker als allein und Zusammenhalt ist wichtig!

Was sind deine ultimativen Tipps für Schreibanfänger?

Mach dir klar, dass du nicht für die anderen schreibst, sondern nur für dich selbst. Sei mutig, greif zu Stift und Papier oder deinem Laptop und fang an. Aus einem Wort wird schnell ein Satz, aus einem Satz, ein Kapitel und so weiter. Das ist ganz einfach! Quäl dich nicht mit Selbstzweifeln! Wen interessiert, ob dein Text gut oder schlecht ist, solange du es mit Herzblut und Freude tust? GLAUBE AN DICH! Wenn du nicht an dich glaubst, wirst du scheitern.

SANDY MERCIER

Sandy Mercier, wurde 1986 in Berlin geboren, wo sie heute als freiberufliche Schriftstellerin arbeitet. Nach einigen Jahren in einer Kanzlei, gefolgt von der Arbeit in einer Menschenrechtsorganisation hat sie sich mit der Veröffentlichung ihres ersten Krimi-Thrillers „Die Todesküsserin“ ihren lang gehegten Traum vom Schreiben verwirklicht. Ihr neuster Thriller „Mach das Licht an“ wurde gerade veröffentlicht.
„Ich brauche das Schreiben, um zu leben. Eine Leidenschaft, die mir mehr hilft, als alles andere auf der Welt. Und wenn ich dann mit meinen Worten auch nur einen einzigen Menschen berühre, habe ich schon mehr erreicht, als in meinem alten Leben.“
Sandy Mercier schreibt auch unter dem offenen Pseudonym Jule Pieper „Das Buch deines Lebens“, ein Ratgeberroman, der vier Monate auf der Bild-Bestseller Liste stand.

WEBSEITE	www.schreibenumzuleben.de
	www.dasbuchdeineslebens.de
INSTAGRAM	@sandy_mercier_autorin
FACEBOOK	fb.com/schreibenumzuleben

Ein Interview mit
Sandy Mercier

Täglich Schreiben, um den Autoren-Traum zu verwirklichen

Nimm uns kurz mit auf deine persönliche Reise. Wie hat alles angefangen und wie bist du zum Schreiben gekommen?

Das Schreiben begleitet mich schon sehr lange. Als ich damals einen Computer bekam, wurde ich schnell ein riesen Fan vom Tippen. Der Prozess des Schreibens an sich hat mich schon immer begeistert. Mit den Händen auf eine Tastatur hämmern und dann den Text am Bildschirm zu sehen, ich liebe es. Ich habe oft Geschichten aus Zeitschriften abgeschrieben, einfach nur, weil ich das so mochte. Später kamen dann eigene Texte dazu. Gedichte, Kurzgeschichten und neulich fand ich sogar den Anfang eines Thrillers. Meine Mutter und ich liebten Joy Fielding Romane und ich hatte das Gefühl, sie erklärte mir die Welt, half mir zu verstehen und zu verarbeiten. Als ich bei einer Buchvorstellung für die Schule las, dass ein Mann sein Kind zur Mutter zurückgebracht hatte, nachdem er Joy Fieldings Buch gelesen hatte, wo es um Kindesentführung vom eigenen Vater ging, war es um mich geschehen. Ich verstand, dass Bücher die Macht haben, Dinge positiv zu verändern und das wollte ich auch. Im Laufe der Zeit kam ich immer mal wieder zum Schreiben. Im Studium hatte ich ab und an Kurse, bei denen wir Schreibaufgaben bekamen, was ich liebte. Dann nahm ich an Anthologie Wettbewerben teil und gewann, und irgendwie merkte ich immer wieder, wie sehr ich das Schreiben genoss und das ich anscheinend auch nicht so schlecht war, was mich natürlich doppelt motivierte. Ich wollte jahrelang ein Studium zum Schreiben anfangen, doch in meinem Leben war nie Platz für die Dinge, die ich wirklich wollte. In einer schlechten Lebensphase hatte ich dann begriffen, dass es nie ruhiger werden würde, wenn ich mir die Zeit dafür nicht nehmen würde und so meldete ich mich für ein Fernstudium an, das auf drei Jahre ausgelegt war, damit ich endlich ins Schreiben kam. Und es funktionierte. Als sich meine persönliche Lage zuspitzte, begann ich von heut auf Morgen über eine bestimmte Erfahrung zu schreiben. Es war wie ein Puzzle und es dauerte, bis ich begriff, dass ich da gerade ein Buch schrieb. Es war ein autobiografischer Roman und da war es plötzlich passiert. Ich hatte einen Roman geschrieben. Wow. Ich! Ein ganzes Buch! Und da ich ja immer Thriller schreiben wollte und merkte, wie heilsam das ist und wie viel man damit anderen helfen kann, wenn man seine Erfahrungen teilt, entschied ich, dass ich mich nun an einen Thriller wagen wollte. Und so entstand „Die Todesküsserin".

Wie bist du vom Träumen ins Umsetzen gekommen und wie lange hast du für dein erstes Buch gebraucht?

Für mein erstes Buch habe ich ungefähr ein Jahr gebraucht. Der erste Entwurf ging recht schnell, aber die Überarbeitungsphase hat ewig gedauert. Ich habe in der Zeit viel über das Schreiben gelernt und so musste ich in jedem Überarbeitungsgang viel umschreiben. Bis dahin hatte ich Texte überarbeiten absolut nicht gemocht, deshalb war ich auf dem Gebiet ein ziemlicher Neuling. Und wie ich ins Umsetzen kam? Naja, das klingt vielleicht doof, aber ich habe es einfach gemacht. Als es Klick gemacht hat, dass ich mein ganzes Leben darauf warte, dass zu tun, was ich will und ich darauf noch bis zum Ende meines Lebens warten würde, wenn ich nichts dagegen tun würde, hatte ich begriffen, dass es an mir liegt, etwas zu ändern. Das zu verstehen war der ausschlaggebende Punkt, mich für das Schreibstudium anzumelden. Krisen können helfen einem zu zeigen, was man nicht mehr möchte. Und wenn man sich dann noch damit befasst, was einen glücklich macht, kommt man schneller ins Handeln, zumindest war es bei mir so.

Was war für dich die größte Hürde auf dem Weg zum eigenen Buch und wie hast du diese gemeistert?

Meine größte Hürde war die Angst. Wenn ich ein Buch rausbringe und das andere lesen und ganz furchtbar finden, dann ist mein Ruf ruiniert und ich kann meine Schriftsteller Karriere vergessen. Der Gedanke daran, war einfach nur furchtbar. Gemeistert habe ich sie, indem ich das Buch mit einem geschlossenen Pseudonym veröffentlich hatte. Ich bin den kompletten Weg gegangen mit Lektorat und Korrektorat und habe mit dem ersten Buch einfach geübt. Das war für mich definitiv richtig, auch wenn sich das kostentechnisch nicht gerade gelohnt hat. Da ich ja keine Ahnung hatte und auch niemandem sagen konnte, dass es sich um mein Buch handelt, konnte ich auch keine richtige Werbung machen. Aber ich habe vieles dabei gelernt, was ich später bei meiner ersten richtigen Veröffentlichung mit eigenem Namen anwenden konnte.

Hast du eine Schreibroutine? Wenn ja, wie sieht diese aus?

Wenn ich an einem Manuskript arbeite, dann läuft das meistens folgendermaßen ab: Ich stehe morgens auf, nehme mir Kaffee, lasse das Handy unberührt und schwinge mich sofort zum Laptop. Dann schreibe ich nur eine Stunde. Das nimmt mir den Druck. Ich neige dazu, immer gleich das ganze Buch schreiben zu wollen und dann fange ich nicht an. Oder ich nehme mir vor, fünf Stunden zu schreiben, aber auch dann beginne ich nicht, weil der Druck für mich zu hoch ist. Also stehe ich auf, ohne nachzudenken und nehme mir eine Stunde Zeit. Natürlich kann ich jederzeit weiterschreiben, wenn ich das möchte, aber das tue ich meistens nicht und ich finde, das reicht auch. So ist mein Gehirn immer frisch dabei und ich hatte noch keine ablenkenden Einflüsse. Würde ich nämlich sagen, ich schreibe fünf Stunden, dann müsste ich ja doch erst Mal mein Handy checken, falls was passiert ist oder eine wichtige Mail beantworten etc. Aber wenn ich einmal in der Welt der To Do's stecke, dann kann ich nicht mehr so gut konzentriert bei meinem Manuskript sein. Es ist natürlich von Buch zu Buch auch ein wenig unterschiedlich, aber so fahre ich definitiv am besten.

Stichwort Marketing: Was ist dein persönlicher Marketingtipp, der dir hilft, dich und deine Bücher bekannt zu machen?

Also ich persönlich schwöre ja auf Instagram. Ich liebe Instagram. Dort konnte ich so viele tolle Buchmenschen kennenlernen und eine kollegiale Community erleben. Andere Autoren, Leser und Blogger teilen meine Aufrufe, kaufen meine Bücher, schreiben Rezensionen oder machen mir einfach nur Mut, wenn ich ihn gerade brauche. Das ist das Schönste, was es gibt und hilft natürlich bei der Vermarktung. Wenn ich ein neues Buch rausbringe, dann wird das stark geteilt von den anderen, wodurch mein neues Werk dann eine große Reichweite bekommt. Das ist mega schön.

Gib doch mal einen kleinen Einblick in deinen Schreiballtag. Planst du, oder schreibst du einfach drauf los?

Das ist etwas unterschiedlich. Beim „Buch deines Lebens" habe ich tatsächlich komplett intuitiv geschrieben. Bei den Thrillern muss schon ein gewisser Plan stehen. Ich überlege mir vorher genau, mit welchen Figuren ich auf die Reise gehe. Ich sehe ihre Schwächen und Stärken, weiß was sie fühlen. Auch der Rahmenplan steht dann fest. Aber dann schreibe ich drauf los und schau, was passiert. Wenn neue Figuren hinzukommen, nehme ich sie gern mit auf und wenn die Protagonistin anders handelt, als es geplant war, lasse ich sie. Das ist für mich dann auch einfach unglaublich spannend und so bin ich Autor und Leser zugleich.

Was sind deine ultimativen Tipps für Schreibanfänger?

Mein Lieblingstipp ist das Tagebuch. Ich hatte mir damals fest vorgenommen, dass ich Schriftstellerin werden will und dafür musste ich etwas tun. Deshalb wollte ich jeden Tag Tagebuch schreiben. Egal was passiert, ich musste täglich ins Buch schreiben. Das hat einerseits seelisch sehr gutgetan, andererseits hilft es einem auch beim Prozess des Schreibens. Schon in der ersten Woche hatte ich eine Situation, die mich überzeugte, dass mir das wirklich auch in Bezug auf meinen Traum Schriftstellerin zu werden helfen kann. Ich erlebte eine skurrile Situation im Supermarkt und dachte, das könnte ich doch für meine neue Einsendeaufgabe fürs Fernstudium nehmen. Dann dachte ich, ach, ich weiß gar nicht, wie ich das beschreiben soll. Außerdem kann ich keine Dialoge schreiben. Aber da ich ja etwas ins Tagebuch schreiben musste, hatte ich mich entschieden es wenigstens fürs Buch grob zu schildern. Als ich fertig war, war ich überrascht. Ich konnte es ja doch aufschreiben und das war gar nicht so schlecht. Und ich hatte meine Einsendeaufgabe fertig. Das hatte mich überzeugt und seitdem schreibe ich jeden Tag Tagebuch.

SINA MÜLLER

Sina Müller lebt mit ihrem Sohn, ihrem Freund und ihren beiden Katzen im Süden Deutschlands. Hoffnungsvoll romantisch – das trifft nicht nur auf die Autorin selbst zu, sondern auch auf die Protagonisten ihrer gefühlvollen Romane, die sie neben ihrem Beruf als Marketingspezialistin in jeder freien Minute schreibt. Findet sich dann doch noch etwas Zeit, tanzt die Freiburgerin gerne auf Konzerten oder widmet sich allerlei kreativen Näh- und Bastelprojekten.

WEBSEITE www.sina-mueller.eu
INSTAGRAM @sinamuellerautorin
FACEBOOK fb.com/sinamuellerautorin

Ein Interview mit
Sina Müller

Schreiben ist ein Handwerk und das verfeinert man durch Übung

Nimm uns kurz mit auf deine persönliche Reise. Wie hat alles angefangen und wie bist du zum Schreiben gekommen?

Angefangen hat alles 2007 auf einer Reise nach Costa Rica. Ich hatte dort so etwas wie eine Sinnkrise, denn in meinem Job im Marketing schreibe ich zwar viel – aber die Halbwertszeit meiner Arbeit ist sehr gering. Oft werden die Werbe-Texte nur für Sekunden betrachtet und dann entsorgt. Das liegt übrigens nicht an der Qualität der Texte, sondern ist normal ;-)

Damals hatte ich den Entschluss gefasst, ein Fernstudium zum Thema kreatives Schreiben zu machen. Gesagt getan – als ich wieder zuhause war, habe ich mir die Studienunterlagen der »Schule des Schreibens« angefordert und mich für Belletristik und Kinder- und Jugendliteratur eingeschrieben. Seither schreibe ich.

Wie bist du vom Träumen ins Umsetzen gekommen und wie lange hast du für dein erstes Buch gebraucht?

Tatsächlich habe ich nie davon geträumt ein Buch zu schreiben. Auch als ich das Fernstudium angefangen habe, ging es mir hauptsächlich ums Schreiben – nicht ums Veröffentlichen. Das änderte sich dann, als ich die Idee zu meinem Debüt hätte und daran in jeder freien Minute gearbeitet habe. Es gibt ungefähr fünf komplett unterschiedliche Entwürfe der Geschichte, Drölfzigtausend Buchänfänge und mindestens genauso viele Versionen des Schlusses. Ich habe vier Jahre daran geschrieben, überarbeitet, gelöscht und wieder von vorne begonnen. Bis ich endlich selbst damit zufrieden war.

Ich habe viele Fehler gemacht – und in der Zeit enorm viel gelernt. Jeder Entwurf, jede gelöschte Zeile war wertvoll für meine Entwicklung.

Was war für dich die größte Hürde auf dem Weg zum eigenen Buch und wie hast du diese gemeistert?

Ich schätze die größte Hürde ist, dass man am Anfang natürlich irgendwie glaubt, man hat den nächsten Bestseller geschrieben und die Verlagswelt wartet nur darauf, diesen Rohdiamanten feinzuschleifen. Ich habe viele Tränen vergossen, weil es natürlich Absagen gehagelt hat. Aber ich habe dabei auch gelernt, an mich selbst zu glauben und auch bei Gegenwind aufrecht zu bleiben. Ich habe gelernt, mich und meine Geschichten etwas realistischer einzuschätzen und dann dafür zu arbeiten, dass meine Herzensgeschichten das Licht der Welt erblicken.

Hast du eine Schreibroutine? Wenn ja, wie sieht diese aus?

Eine wirkliche Routine habe ich nicht. Meist lese ich mir die letzte Szene des Vortages noch einmal durch, um wieder reinzukommen und schreibe dann einfach los. Manchmal höre ich gerne Musik dabei, manchmal genieße ich die Stille. Vieles ist bei mir Tagesform abhängig. Das Schreiben ist mein Ausgleich zum Tag und so genieße ich es, ohne feste Regeln und Routinen mich einfach treiben zu lassen.

Bist du in Kontakt mit anderen Autoren oder bist du Einzelkämpferin?

Ich habe inzwischen ein recht großes Netzwerk an Autoren, von denen auch einige in den letzten Jahren zu guten Freunden geworden sind. Ich arbeite viel lieber im Team als einsam und allein. Es hat viele Vorteile, sich auszutauschen und wenn man ehrlich ist, sind wir Autoren für viele andere Menschen auch echt seltsam. Da tut es auch gut, wenn man sich mit Gleichgesinnten über die Ideen, Geschichten oder auch mal Probleme unterhalten kann.

Stichwort Marketing: Was ist dein persönlicher Marketingtipp, der dir hilft, dich und deine Bücher bekannt zu machen?

Ich persönlich finde den Buchmarkt sehr schwierig, das Marketing folgt seinen eigenen Regeln. Womit ich gute Erfahrungen gemacht habe, ist der Austausch mit den Lesern. Ich versuche gegenüber meinen Leserinnen sehr offen zu sein, sie mitzunehmen auf meine Reise und ihnen auch mal unveröffentlichte Häppchen zu geben. Dafür habe ich auf Facebook eine Lesergruppe, die mir übrigens auch schon über so manches Schreibtief geholfen hat. Und da die Leser ja schon früh in die Entstehung der Geschichten eingebunden sind, freuen sie sich immer über neuen Lesestoff und unterstützen mich mit einem Kauf und auch manchmal auch den Tipp an Freunde.

Was sind deine ultimativen Tipps für Schreibanfänger?

Schreiben. Das hört sich vielleicht blöd an, aber Schreiben ist ein Handwerk und das verfeinert man durch Übung. Viel Übung. Veröffentlicht lieber nicht übereilt, sondern nehmt euch die Zeit, euer Werk immer und immer wieder zu überarbeiten. Und glaubt an euch. Denn wenn ihr es nicht tut, wer sollte es denn sonst tun? Und ganz wichtig: Seid mit Freude dabei. Schreiben macht Spaß!

SONIC BLUE

Gemeinsam mit seiner Frau Yara Joy hat Sonic Blue (a.k.a. Marcus Meurer) im Jahr 2012 die DNX Bewegung gestartet. Die Zwei waren als Digitale Nomaden der ersten Stunde von Anfang an dabei, haben damals erste Connections in der Szene geknüpft, die ersten Meetups organisiert und mit dem ersten DNX Festival eine ganze Bewegung gestartet um Digitale Nomaden auf der ganzen Welt miteinander zu vernetzen. Ihre Vision ist es, Menschen dabei zu helfen freier und selbstbestimmter zu leben und von überall aus arbeiten zu können und darüber hinaus alle Lebensbereiche ihres Lebens zu verbessern. „Wenn du happy und erfüllt bist, kannst du auch der Welt das zurückgeben, was dich besonders macht."

WEBSEITE www.dnxfestival.de

INSTAGRAM @marcusmeurer95

FACEBOOK fb.com/groups/dnxberlin/

Ein Interview mit
Sonic Blue

Eat the frog!

Nimm uns kurz mit in deine persönliche Geschichte. Wie hat alles angefangen und wie bist du Digitaler Nomade und Experte für ortsunabhängiges Arbeiten geworden?

Nach vielen Jahren im klassischen Angestelltenverhältnis, wollte ich irgendwann einfach ausbrechen. Mit meiner Partnerin Yara habe ich in Deutschland die Zelte abgebrochen, wir sind durch die Welt gereist und haben als Freelancer online gearbeitet. Es kamen so viele Fragen zu unserem Lifestyle und auf der anderen Seite gab es noch keine Plattform und Vernetzung der deutschsprachigen Nomads, so dass wir direkt die erste DNX als Event veranstaltet haben. D steht dabei für Digital, N für Nomaden und X für den X-Faktor, da alles verbunden ist und wir eine holistische Sichtweise auf die Welt vermitteln wollen. Wir haben mittlerweile mehrere Businesses aufgebaut und leben und arbeiten von überall auf der Welt.

Was bedeutet Ortsunabhängigkeit für dich?

Ortsunabhängigkeit bedeutet für mich frei bei der Wahl des Arbeitsplatzes oder des Privatlebens zu sein. Also dort zu arbeiten wo du willst, mit wem du willst und wann du willst. Mein Nordstern ist dabei die Freiheit und Selbstbestimmtheit. Gerade wenn du kreativ arbeitest, ist

es hilfreich an neuen Orten zu sein und dort hinzugehen wo du viel Inspiration bekommst. Gleichzeitig musst du dich dort natürlich selbst organisieren und die richtigen Rahmenbedingungen für deine Arbeit schaffen, z.B. gutes Internet, die richtige Arbeitsumgebung, die passenden Leute um dich herum oder neue Kontakte erschließen.
Das ist heute mega einfach, mein Tipp: Digitale Nomaden Hot-Spots wie beispielsweise Bali, Chiang Mai, oder Lissabon bieten das ideale Setup um mal reinzuschnuppern. Gerade wenn du alleine bist, kannst du hier leicht Anschluss finden, hast bereits die perfekten Rahmenbedingungen, wie Arbeitsklima, Räume und gutes Internet. Du kannst dich eine Weile einfach treiben und inspirieren lassen oder gleich mit 100% an die Arbeit gehen.
Was allerdings nicht funktioniert: vor Problemen zu Hause davon zu laufen. Die kommen irgendwann einfach in anderer Form wieder hoch. Überleg dir also gut, warum du gehen möchtest, was du machen und erreichen möchtest und wie ideale Bedingungen für dich aussehen, und dann: Raus in die Welt!

Wie kommt man am besten vom Träumen in die Umsetzung?

Einfach machen! Klingt so einfach, doch am Ende ist es wirklich das Entscheidende. Es kommt wirklich darauf an, den ersten Schritt zu machen. Lass dich inspirieren und dann fang mit einem kleinen Schritt an. Wenn du einmal angefangen hast, dann kommt der Rest auch in den Flow.

Stichwort Umsetzung: Was sind deine persönlichen Tipps, die Autoren dabei helfen, produktiver zu schreiben?

Der beste und hilfreichste Tipp überhaupt heißt „Eat the frog“ (auf deutsch in etwa „die Kröte schlucken“). Das bedeutet, die große Aufgabe mit dem größten Impact gleich am Anfang des Tages zu erledigen. Am besten sucht man sich schon am Vorabend raus, welche Aufgabe das ist. Das ist meist eine unangenehme Aufgabe, oder man weiß nicht so richtig wo man anfangen soll und schiebt sie ständig vor sich her bis es nicht mehr geht. Doch in der Regel hat dieser Task einen unverhältnismäßig großen Impact und bringt dich richtig weiter auf deinem Weg zum Ziel. Wenn du diese Kröte schon am Morgen schluckst, gehst du sie erstens mit frischer Energie im Kopf an, hast du sie zweitens direkt erledigt und drittens, schaffst du dir Freiheit für den Rest des Tages. Danach hast du den Tag gewonnen und dein größtes Ziel erreicht. Du kannst stolz auf dich selbst sein und wie du in den Tag startest, das setzt den Ton für den Rest des Tages. Für mich heißt das auch, dass ich morgens komplett auf Social Media verzichte, keine E-Mail oder andere Webseiten checke. Dafür ist später am Tag noch genug Zeit.

Ansonsten habe ich auch viele Produktivitätstechniken (Pomodoro Technik, Zeitblöcke etc.) ausprobiert, aber da muss jeder das finden, was bei ihm am besten funktioniert. Am Ende kommt es immer drauf an wie du am besten in den Flow kommst und was du dafür brauchst. Versuche das rauszufinden und dann schaff dir gezielt die Rahmenbedingungen, unter denen das funktioniert. Das gilt wahrscheinlich ganz besonders beim Schreiben.

Was ist dein ultimativer Umsetzungstipp?

Eat the frog! Definiere die wichtigste (nicht dringlichste) Aufgabe des Tages und erledige diese direkt als Erstes am Tag. Dann hast du den Tag bereits gewonnen.

STEFFI BIEBER-GESKE

Steffi Bieber-Geske schreibt seit ihrem 16. Lebensjahr – zunächst für Tageszeitungen, später für verschiedene Unternehmen und Organisationen. Die Journalistin studierte Publizistik, Psychologie und Neuere Deutsche Literatur – mit dem Schwerpunkt Kinderbücher und Märchen – an der Freien Universität und der Humboldt-Universität Berlin.
In ihrem 2010 gegründeten Kinderbuchverlag Biber & Butzemann erscheinen längst nicht mehr nur Ferienabenteuergeschichten aus ihrer eigenen Feder, sondern auch die von rund 20 weiteren Autoren.
Um unabhängigen Verlagen und Selfpublishern mehr Sichtbarkeit zu geben, hat sie 2014 die
Berliner Buchmesse BUCHBERLIN gegründet – mit rund 300 Ausstellern inzwischen die drittgrößte Buchmesse Deutschlands. Im Mittelpunkt der Messe, die immer Ende November stattfindet, stehen besondere Bücher, die es nicht in jeder Buchhandlung zu kaufen gibt.

WEBSEITE	www.buch-berlin.de	| www.biber-butzemann.de
FACEBOOK	fb.com/buchberlin	| fb.com/biberundbutzemann
INSTAGRAM	@buchberlin	| @biberundbutzemann

Ein Interview mit
Steffi Bieber-Geske

Die Buchmesse als Beginn von wunderbaren Freundschaften

Nimm uns doch bitte kurz mit auf deine persönliche Reise. Du bist Gründerin der BUCHBERLIN und Verlegerin des Kinderbuchverlages Biber & Butzemann. Wie hat alles begonnen?

Bei einer Mutter-Kind-Kur 2010 auf Rügen fing alles an: Weil ich für meinen Sohn kein Kinderbuch über die Insel fand, begann ich, selbst eins zu schreiben. Das fiel mir als Journalistin nicht schwer, auch wenn das Schreiben für Kinder doch eine besondere Herausforderung ist. Während der Elternzeit mit meinem jüngeren Sohn veröffentlichte ich das Buch im Eigenverlag und mir fiel auf, dass ich eine Marktlücke entdeckt hatte. Der große Erfolg von „Abenteuer auf Rügen – Lilly, Nikolas und die Piraten" wurde zum Grundstein für Biber & Butzemann, den ersten Verlag, der sich auf liebevoll illustrierte Ferienabenteuer spezialisiert hat. Heute sind wir der führende Verlag für regionale Kinder- und Jugendbücher. Rund 65 Titel von der Nord- und Ostsee bis ins Allgäu und den Schwarzwald sind inzwischen erschienen, für 2020 sind zehn weitere Bücher in Arbeit. Ich merkte aber auch schnell, wie schwer es kleine Verlage und Selfpublisher haben, ihre Bücher im Buchhandel zu platzieren und die Leser auf sich aufmerksam zu machen. Nach meiner ersten, damals sehr frustrierenden Leipziger Buchmesse, bei der ich an meinem teuren Kleinststand neben den Ravensburger und Co. komplett übersehen wurde, dachte ich mir: Das muss auch anders gehen. Daraufhin habe ich 2014 die BUCHBERLIN gegründet. Gestartet sind wir mit 65 Ausstellern. Inzwischen sind es gut 300 – Tendenz steigend. Der Bedarf für eine bezahlbare Messe, bei der die unabhängige Literaturszene im Mittelpunkt steht, ist offenbar da. 2019 kam dann die BUCHBERLINkids als Kinderbuch-Messe und Lesefestival dazu. Damit machen wir uns für die Leseförderung stark. Sie findet immer Anfang Juni statt.

Viele angehende Autoren träumen davon, mit ihrem eigenen Buch auf einer Buchmesse vertreten zu sein. Welche Möglichkeiten bietet die BUCHBERLIN für Autoren?

Die BUCHBERLIN ist zum einen wegen der überschaubaren Standpreise, die man gut durch Direktverkäufe am Stand wieder erwirtschaften kann, so beliebt, aber auch wegen des „Klassentreffen-Gefühls“. Die Berliner Buchmesse zieht ein Publikum an, das offen ist für besondere Bücher, neue Themen und junge Autoren. Hier wird man auch an einem kleinen Stand wahrgenommen, was in Frankfurt und Leipzig deutlich schwieriger ist. Außerdem besteht die Möglichkeit, dass sich Autoren ohne hohe Mitausstellergebühren einen kleinen Stand teilen. Auch, wer erst ein oder zwei Bücher veröffentlicht hat, kann also dabei sein – und zahlt dafür möglicherweise nur einen mittleren zweistelligen Betrag. Hinzu kommen exzellente Netzwerkmöglichkeiten. Auch als Selfpublisher ist die BUCHBERLIN eine großartige Veranstaltung.

Kannst du uns einen Blick hinter die Kulissen geben? Was bietet die BUCHBERLIN für Selfpublisher?

Das besondere an der BUCHBERLIN ist, dass wir im Gegensatz zu Leipzig und Frankfurt kein Wirtschaftsunternehmen mit Gewinnerzielungsabsichten sind, sondern ein gemeinnütziger Verein. Ich habe mit meinem Team eine Veranstaltung auf die Beine gestellt, die genau so ist, wie ich sie mir als Autorin und Verlegerin selbst immer gewünscht habe: mit einer gemütlichen, familiären Atmosphäre und Standgebühren, die sich jeder leisten und die man durch den freien Verkauf wieder erwirtschaften kann. In Leipzig gibt es den dieses Jahr auch endlich, aber wir machen das schon von Anfang so. Außerdem bietet die BUCHBERLIN ein sehr gutes und bezahlbares Fachbesucherprogramm: die BUCHBERLIN-Tagung für Autoren und Kleinverlage mit tollen Workshops und Vorträgen von renommierten Experten.

Warum sollte ich als Autor auf Buchmessen vertreten sein? Welche Vorteile habe ich davon?

Die meisten Autoren haben nicht das Glück, dass ihr Buch in einem großen Verlag als Schwerpunkttitel mit entsprechendem Marketingbudget erscheint. Sie müssen sich ihre Leserschaft selbst erarbeiten. Das gelingt in der Regel durch Social Media-Arbeit und die Präsenz auf Veranstaltungen, in erster Linie natürlich auf Buchmessen. Hier kommen – vor allem auf der BUCHBERLIN – Besucher, die aktiv auf der Suche nach neuem Lesestoff sind und sich freuen, Autoren persönlich kennenzulernen. Sie kaufen nach einem netten Gespräch auch signierte Bücher von ihnen bislang unbekannten Autoren. Wenn jetzt das Buch wirklich gut ist, ist das oft der Beginn einer wunderbaren Freundschaft …

Viele angehende Autoren träumen davon, ihr Buch bei einem Verlag zu veröffentlichen. Was sind deine Tipps bei der Verlagssuche?

Ganz wichtig ist es, sich vorher genau anzusehen, welcher Verlag zu meinem Manuskript passen würde – und dabei ruhig auch bei den kleineren Verlagen zu schauen, hier stehen die Chancen besser. Wenn auf der Webseite kein Hinweis steht, dass derzeit keine Manuskripte angenommen werden, wie das bei mir aktuell der Fall ist, bewerben sich Autoren am besten mit einer netten Mail und einem Exposé, einem Probekapitel und ein paar Infos zu sich selbst. Dabei ist es auch hilfreich, aufzuzeigen, wie man als Autor plant, den Buchverkauf zu unterstützen. Dann heißt es, Geduld zu haben.

Auch von Lesungen auf der Buchmesse träumen viele. Wie kann ich diesen Traum umsetzen?

Bei den meisten Messen kann man sich als Aussteller kostenpflichtig für eine Lesung anmelden. Bei der BUCHBERLIN gibt es ein kuratiertes Leseprogramm, das heißt, wir wählen aus den Anmeldungen unserer Aussteller, die in der Regel die Zahl der verfügbaren Plätze deutlich übersteigen, aus jedem Genre einige vielversprechende Bücher aus. Ziel ist es, ein möglichst hochwertiges, abwechslungsreiches Programm für unsere Besucher zusammenzustellen.

Was sind deine ultimativen Umsetzungs- und Schreibtipps für Schreibanfänger?

Ich glaube, es ist wirklich sehr unterschiedlich, welche Strategie für wen gut funktioniert. Ich schließe erst die Recherchen ab und überlege mir einen roten Faden für meine Ferienabenteuer. Dann schreibe ich einfach los und freue mich, wie sich nach und nach alles zusammenfügt. Allerdings war ich als Journalistin auch keine Anfängerin im klassischen Sinne. Andere plotten im Vorfeld sehr ausführlich. Wer neu mit dem Schreiben beginnt, sollte sich zunächst mit den Grundlagen beschäftigen – und mit einem erfahrenen Lektor zusammenarbeiten. Das schult ungemein. Selbst ich lerne immer noch dazu.

Ein Buch erhält seinen Wert nicht durch den Kauf, sondern durch das Lesen.

- Helmut Glaßl -

SULTAN DENIZ

Sultan ist Life und Business Meditations Coach, Kundalini Yogi und Autorin. Sie ist trainiert in Sat Nam Rasayan, der geheimen und heiligen Meditations-Heiltechnik, die an das Kundalini Yoga angebunden ist. Zudem hat sie intensiv buddhistische Vipassana Meditationen studiert und durch ein intensives Coaching Programm integriert. Alle Ausbildungsformen sind zertifiziert. Als Life und Meditations Coach sieht sie das Ziel darin, mit ihrer Arbeit die Lebensqualität Ihrer Kunden spürbar zu erhöhen, indem sie mit ihrer Arbeit mehr Leichtigkeit und Klarheit in ihr Leben bringt. Die Menschen mit ihrem vollen Potential, mit ihrem höheren Potential zu verbinden. Meditation ist dabei für Sultan einfach nur eines der kraftvollsten Instrumente unserer Zeit, als Schlüssel für ein befreites, glückliches und erfolgreiches Leben.

WEBSEITE www.sultandeniz.com

FACEBOOK fb.com/groups/BreatheFolgeDerMagieDeinesLebens/

Ein Interview mit
Sultan Deniz

Wie du deine Kreativität mit Meditationen stärken kannst

Nimm uns kurz mit auf deine persönliche Reise. Wie hat alles angefangen und wie bist du zum Meditieren und Schreiben gekommen?

Ich habe bereits als Kind dieses tiefe Wissen, dieses tiefe Gefühl, diesen Traum gehabt, dass ich in diesem Leben mindestens ein Buch schreibe. Als Kind habe ich diesen Traum bereits in allen Farben, Formen mir gedanklich ausgemalt und konnte es kaum abwarten, endlich erwachsen zu sein und diesen Traum zu verwirklichen. Bei mir ging es hierbei um weit mehr als nur einen Kindheitsgedanken, oder auch eine Geschichte aus der Kindheit. Es geht dabei vielmehr um Träume, die wir in diesem Leben haben, wie wir im Laufe der Zeit mit diesen Träumen und mit uns umgehen.

Ich komme aus einer jahrtausend-alten Tradition, die der Spiritualität und Mystik entspringt. Ich habe schon immer den starken Drang, „mehr" zu verstehen. Einfach „mehr", als all das, was für unserem Verstand so offensichtlich ist. Dabei bin ich voller Leidenschaft in die Philosophien, Meditationen und Energie Heilmethoden von drei Welttraditionen eingetaucht, um alle Philosophien und Traditionen – ganz natürlich und auf meine eigene Art – zu integrieren.

Wie bist du vom Träumen ins Umsetzen gekommen und wie lange hast du für dein erstes Buch gebraucht?

Ich habe auf einer gewissen Ebene, auf einer gewissen Art und Weise diesen Traum nie vergessen. Ich habe zwar viele Jahre nicht mehr bewusst daran gedacht, aber dieser Traum war nie weg.

BIS ich angefangen habe zu meditieren. Die erste Meditation hat mich tief mit mir selbst, meinen Träumen, einer Kreativität verbunden – von der ich nicht einmal ahnte, dass es sie gab oder gar, dass ich sie hatte. Und diese Verbindung zu all diesen Aspekten ging sehr tief, und weit über die geschriebenen Worte hinaus. Es war auch die erste Meditation, die mich ganz natürlich und automatisch ins Umsetzen gebracht hat: und schon hatte ich mein erstes Kapitel meines Buches in der Hand. Wunderbar, im Flow und ganz natürlich.

Was war für dich die größte Herausforderung auf diesem Weg?

Das Buch habe ich im Fluss, in der größten Leichtigkeit geschrieben. Meine kleine Herausforderung war es dann, das Ganze mit InDesign umzusetzen. Zum Glück hatte ich eine fantastische Grafik-Designerin an meiner Seite, die das Buchcover gestaltet hat, die Grafiken und mir den Grundrahmen des Buches gestaltet hat. Und die größte Herausforderung war das eBook. Das Buch mit jemandem in das richtige Format zu bringen. Hier ist es wirklich wichtig, dass beide Seiten harmonisieren und man dieselbe Art und Weise hat sich zu verstehen, Dinge auszudrücken, usw.

Wie hilft und unterstützt dich das Thema Motivation beim Schreiben?

Meine größte Motivation waren und sind meine Meditationen. Und die Wörter selbst, die dabei auf das Papier gezaubert werden.

Was sind deine ultimativen Tipps für Schreibanfänger?

Finde Deine Kreativität. Finde das, was Dich – wirklich und wahrhaftig – glücklich macht. Ganz tief drinnen. Auch vom Thema.

DANN fang einfach an.

Und natürlich ist mein Tipp: wenn das Dein Thema ist oder Du neugierig bist, dafür offen bist: fang an zu meditieren. Es verbindet Dich automatisch mit Deinem höheren Potential, Deiner Kreativität und soviel mehr darüber hinaus, dass man es nicht in Worte fassen kann. Auch hier: verweise ich einfach gerne auf meinen Beitrag, das Video.

Und: ENJOY your journey!!

TANJA WAGNER

Tanja Wagner, geboren 1983 in Dachau, ist verheiratet und stolze Mama von zwei wundervollen Kindern.
Ihre Familie und Freunde sind für sie das Wichtigste.
Neben dem Beruf hat sie als Ausgleich mit dem Schreiben angefangen - es erfüllt ihr Leben.

WEBSEITE www.tanja-wagner.jimdofree.com
INSTAGRAM @autorin.tanja.wagner

Ein Interview mit
Tanja Wagner

Wie du anfängst ist egal, Hauptsache du fängst an!

Wie bist du vom Träumen ins Umsetzen gekommen und wie lange hast du für dein erstes Buch gebraucht?

Schon in der Schulzeit gab es für mich gefühlt keine schönere Aufgabe, als einen Aufsatz zu verfassen. Aufgrund meiner anhaltenden Leidenschaft für Texte und Bücher habe ich mich dieser im Jahr 2017 selbst hingegeben und im August 2018 mein allererstes Buch veröffentlicht. Diesen Schritt zu wagen habe ich bisher an keinem Tag bereut.

Mein Verlag, sowie viele treue und neue Leser/innen bestätigen mir täglich aufs Neue, dass es eine sehr gute Entscheidung war. Vielleicht sogar die beste meines Lebens!

Was war für dich die größte Hürde auf dem Weg zum eigenen Buch und wie hast du diese gemeistert?

Die größte Hürde ist für eine „Working Mum" wohl immer das Problem von fehlender Zeit. Allerdings kann dieses mit Verständnis und liebevoller Unterstützung problemlos gemeistert werden. Da meine Familie und Freunde von Anfang an hinter mir und meiner Arbeit stehen, und mich unterstützen wo sie nur können, gestaltet sich das bei mir sehr angenehm. Wenn alles für den Alltag erledigt und die Familie rundum versorgt ist, ziehe ich mich mit meinem Laptop zurück und genieße meine ganz persönliche Schreibzeit.

Was sind deine Erfahrungen als Verlagsautorin?

Als Verlagsautorin hatte ich das Glück, dass sich ein großartiges Team, bestehend aus meiner Verlegerin, einem Lektor/Korrektor und mehreren Graphikdesignern hinter mich und meine Bücher gestellt hat.

Stichwort Marketing: Was ist dein persönlicher Marketingtipp, der dir hilft, dich und deine Bücher bekannt zu machen?

Werbung auf gängigen Seiten wie Instagram, Facebook, Twitter und Co.

Authentisch bleiben! Und ganz wichtig, den Kontakt zu den Lesern suchen und pflegen. Nur diese wundervollen Menschen können helfen zu wachsen, indem sie Dir Lob und/oder Kritik zukommen lassen, Dich gerne auf Buchmessen treffen, Deine Bücher unterstützen und sich auf NEUES von Dir freuen. Letztendlich gilt den Leser/innen auch der größter Dank, denn sie machen Dich zu dem, was Du bist: Ein stolzer Schriftsteller/Autor.

Gib doch bitte einen kleinen Einblick in deinen Schreiballtag. Setzt du dir Schreibziele oder wartest du immer darauf, dass dich die Muse küsst?

Wer will nicht gerne geküsst werden? ;) Nein, im Ernst. Ich setze mir keine Schreibziele und schon gar nicht unter Druck. Man hört immer wieder, dass es Disziplin braucht um ein Manuskript zu beenden, doch ich behaupte an dieser Stelle, dass es nur eines braucht: Leidenschaft.

Wenn dieses Gefühl Dich ergreift und Deine Finger voller Hingabe über die Tasten fliegen, wirst Du Dich sogar noch über Dich selbst wundern, wie viel Du (er)schaffen kannst. Das Ende sehe ich meist mit gemischten Gefühlen. Stolz, die Story vollendet zu haben und traurig, dass es hier erstmal für meine Charaktere nicht weitergeht. Aber wie heißt es so schön? Nach dem Schreiben ist vor dem Schreiben.

Was sind deine ultimativen Tipps für Schreibanfänger?

Anfangen! Wie Ihr anfangt, ist völlig egal. Hauptsache, Ihr fangt an!

Haltet Eure Ideen fest! Ob in einem Notizbuch, Block, Handy oder ob ihr Euch gleich an Euren PC/Laptop setzt. Bei meinem ersten Roman habe ich auf Blanko-Papier einfach drauflos geschrieben. Entstanden sind über 500 handgeschriebene Seiten und im Nachhinein für mich viel zusätzlicher Abtipp- und Überarbeitungsaufwand. Bei meinem zweiten Buch war ich schon besser ausgestattet. Professionelles Schreibprogramm, etc ...

Bevor ich zu schreiben beginne, überlege ich mir genau, was meine Charaktere erleben werden, doch manchmal führen sie mich auch selbst zu neuen, spontanen und unvorhergesehenen Ereignissen. In diesem Fall wird die Story selbst für mich, den Schreiberling ;), zu einem wundervollen Erlebnis.

Durchhalten! Eure Geschichte möchte jetzt auch erzählt werden. Wenn Ihr Eure Figuren, Abläufe und Handlungsorte verinnerlicht habt, dann denkt und fühlt auch im Alltag mit ihnen. So fallen Euch in den Phasen, in denen Ihr Euch mit anderen Dingen beschäftigt, vielleicht Erlebnisse ein, die Ihr dann in den Roman einfließen lassen könnt.

Step by Step! Lebe Deine ganz persönlichen Storys! Lass die Menschen in Dein Buch abtauchen und entführe sie für eine Weile in Deine Welt der Worte.

Lebe Deinen Traum!

VERA NENTWICH

Vera Nentwich ist lustig und irgendwie ungewöhnlich. Ob das daran liegt, dass das Jahr 1959, in dem sie geboren wurde, ein ganz besonders gutes Weinjahr war? Die Autorin ist Entertainerin durch und durch; sie eroberte die Theaterbühne, macht Musik und schreibt seit Jahren erfolgreich humorvolle Krimis und Romane. Lesungen können da schon mal zu einer wahren Bühnenshow ausarten und Gästen zahlreiche neue Lachfalten bescheren. Vera Nentwich lebt intensiv. Und sie liebt Eierkuchen. Eierkuchen steht für den Spaß und für all die Dinge, die nicht in ein festes Raster passen. Also Themen, die so sind wie sie. Anders eben.

WEBSEITE www.vera-nentwich.de

INSTAGRAM @veranentwich

Ein Interview mit
Vera Nentwich

Anfangen ist besser, als darüber nachzudenken

Nimm uns kurz mit in deine persönliche Geschichte. Wie hat alles angefangen und wie bist du zum Schreiben gekommen?

In der Schule habe ich eine Fünf in Deutsch bekommen aufgrund von zu viel Fantasie. Meine Nacherzählungen hatten mehr Wörter als das Original. Ich habe schon früh damit begonnen, meine Fantasie in Texte umzusetzen. Aber zumeist für die Schublade. Später habe ich Artikel und Kolumnen für kleinere Zeitschriften u.ä. geschrieben.

Wie bist du vom Träumen ins Umsetzen gekommen und wie lange hast du für dein erstes Buch gebraucht?

Ich habe sehr lange und unzählige Anfänge gebraucht, bis endlich ein Buch daraus wurde. Ich habe nämlich keine Ausdauer und ein Projekt, das womöglich ein Jahr oder länger dauert, hat mich abgeschreckt. Über 20 Jahre kam der Wunsch, ein Buch zu schreiben, immer wieder auf und wurde nie vollendet.

Was war für dich die größte Hürde auf dem Weg zum eigenen Buch und wie hast du diese gemeistert?

Meine mangelnde Ausdauer war – und ist – das wesentliche Problem.

Erst als ich mir bewusst gemacht hatte, dass ich es angehen sollte, wie man einen Elefanten verspeist – in kleinen Bissen –, wurde es was.

Du bist Expertin für Lesungen. Warum sind Lesungen für Autoren so wichtig und welche 3 Umsetzungstipps gibst du angehenden Autoren mit, damit ihre Lesungen auch wirklich ein Erfolg werden?

Ein kluger Mensch hat mal gesagt, Lesungen sind Rockkonzerte für Autoren. Genau das ist es. Was für den Musiker die Konzerte sind, sind Lesungen für Autoren: Der direkte Kontakt mit dem Publikum. Für mich persönlich ist das essenziell. Direkt zu spüren, wie das Publikum auf das Geschriebene reagiert, ist ein einmaliges Erlebnis. Gerade als noch nicht so bekannte Autorin ist es für mich ein guter Weg, neue Leserkreise zu erobern.

Meine drei Tipps:

- Habt Spaß daran, schließlich macht ihr es freiwillig.
- Die Bühne ist der sicherste Ort der Welt, also kostet es aus.
- Lesung ist Show, also geht es auch so an.

Stichwort Marketing: Was ist dein persönlicher Marketingtipp, der dir hilft, dich und deine Bücher bekannt zu machen?

Nachdem ich Vieles im Marketing ausprobiert habe, ist mein persönlicher Marketingentschluss, einfach das zu machen, was mir Spaß macht. Dann bin ich authentisch und ziehe die Menschen an, die zu mir passen. Letztlich ist das beste Marketing das nächste Buch.

Gib doch mal einen kleinen Einblick in deinen Schreiballtag. Setzt du dir Schreibziele oder wartest du immer darauf, dass dich die Muse küsst?

Ohne bewusste Zielsetzung geht bei mir gar nichts, siehe »kleine Bissen«. Also Teile ich ein Projekt in Tagesziele auf und versuche, diese konsequent abzuarbeiten. Ich schreibe im Regelfall morgens vor der Arbeit und habe dann ein Tagesziel von ca. 750 Wörtern pro Tag.

Was sind deine ultimativen Tipps für Schreibanfänger?

Keine Ahnung, ob ich die ultimativen Tipps kenne. Ich weiß, was für mich ultimativ ist:

1. Anfangen ist besser, als darüber nachzudenken.
2. Teile das Projekt in kleine »Bissen« auf.
3. Jeder Anfang ist ein guter Anfang und aus jeder Idee kann ein Buch werden.

WWW.AUTOREN-UMSETZUNGSKONGRESS.DE

Schlusswort

Wie schafft man es, ein erfolgreicher Autor zu werden?

Du hast jetzt viele Tipps und Ratschläge gelesen und nimmst aus diesen hoffentlich viel Inspiration mit, um dir diese Frage zu beantworten. Du hast gesehen, dass es viele unterschiedliche Wege und Möglichkeiten gibt, sich die Experten in vielen Punkten aber auch einig sind. Einfach Anfangen, Ausdauer, Durchhaltevermögen, sich Hilfe und Unterstützung zu suchen und Schreiben, Schreiben, Schreiben...

Wo auch immer du gerade stehst, nimm dir die Tipps und Vorschläge der Experten zu Herzen. Wenn du selbst Autor werden willst, sei bereit zu lernen und vor allem sei bereit zu schreiben! Es werden dir auf deinem Weg zum fertigen Buch weiterhin viele Fragen begegnen und du wirst an Hürden kommen, die dir unüberwindbar scheinen, dich verzweifeln lassen und du denkst, du wirst es nie schaffen endlich dein Buch zu schreiben. Das Wichtigste ist, dich davon nicht entmutigen zu lassen, sondern Durchhaltevermögen zu zeigen und die Probleme, die sich dir in den Weg stellen aktiv anzugehen. Dazu gehört aber auch die Bereitschaft, dir Hilfe zu holen wenn du festgefahren bist. Zu erkennen, wann du Unterstützung brauchst und bereit zu sein die Unterstützung von Menschen anzunehmen, die eine Lösung für dein Problem haben. Nur so kannst du besser werden und dich weiterentwickeln!

Also nimm dir deine Buchidee, fang an zu schreiben, verfolge dein Ziel vom eigenen Buch und hole dir Unterstützung, wenn es nötig ist! Mit dieser einfachen Vorgehensweise wirst du dein Buch garantiert in Händen halten!

Halte dich an dein eigenes Versprechen dir gegenüber dieses Buch zu schreiben. Bleibe dran und erinnere dich an Tipps aus diesem Buch und deine Buchreise wird nicht nur 100 % zum Erfolg führen, sondern auch um ein Vielfaches einfacher werden! Alle Experten, die du in diesem Buch kennengelernt hast, sind nicht über Nacht da gelandet wo sie heute sind, sondern haben sich selbst weiterentwickelt, waren bereit zu lernen und haben sich coachen lassen.

Egal was nun dein nächster Schritt sein mag und wo du gerade stehst, lass dich dabei von uns unterstützen! Wenn du diesen Weg mit uns – dem Online Autoren Camp – und einem wundervollen Team gehen möchtest, dann lass dich in einem kostenlosen Strategiegespräch beraten: Wir schauen uns gemeinsam an, wo du gerade stehst und was deine persönlichen nächsten Schritte auf dem Weg zu deinem eigenen Buch sind. Gehe nun auf:

www.onlineautorencamp.de/oac-terminbuchung/

Auch wenn du gerade eine Unsicherheit spürst, davon überzeugt bist, dass du alles alleine schaffst oder vielleicht gar nicht weißt wo und wie du anfangen sollst, empfehlen wir dir das Strategiegespräch. Es ist kostenlos und unverbindlich – und du kannst daraus sehr viel für dich und deinen Buchtraum mitnehmen. Wir können bei dem Gespräch ganz individuell auf deine Fragen und Herausforderungen eingehen und uns gemeinsam anschauen wie dein Weg zu deinem eigenen Buch aussehen kann.

Was auch immer du als Nächstes tun wirst und für welchen Weg du dich auch entscheiden wirst, wir wünschen dir bei allem viel Erfolg! Nimm dieses Buch als Weckruf, als Motivator endlich mit deinem Buchtraum durchzustarten!

Wir freuen uns auf dein Buch!

Mit herzlichen Grüßen aus dem Online Autoren Camp,

Janet & Fabian

Lass deine Buchreise beginnen!

Unsere fantastischen Co-Autoren

Wir bedanken uns von ganzem Herzen bei unseren Experten, dass sie uns bei diesem Buchprojekt und dem Umsetzungskongress für Autoren mit ihrem Wissen so großartig unterstützt haben!

Die Menschen geben ihr Wissen, ihre Erfahrungen und ihre Geschichte preis, weil sie die große Leidenschaft für Bücher teilen und an die Verwirklichung von Träumen glauben.

Wir sind für die wertvollen Inhalte sehr dankbar und schätzen uns glücklich über die wundervolle Zusammenarbeit!

HERZLICHEN DANK !!!

ANNIKA BÜHNEMANN

WEBSEITE www.vomschreibenleben.de
INSTAGRAM @vomschreibenleben.de
FACEBOOK youtube.com/vomschreibenleben

BIANCA KATZER

WEBSEITE www.zielcoach-marketing.de
INSTAGRAM bianca_katzer

CASANDRA KRAMMER

WEBSEITE www.casandrakrammer.de
INSTAGRAM @casandra_krammer
FACEBOOK fb.com/CasandraKrammer

CHRIS SCHRÖDER

WEBSEITE www.bookerfly.de
INSTAGRAM @bookerfly.marketing

ELVIRA ZEISSLER

WEBSEITE www.elvirazeissler.de
INSTAGRAM @elvirazeissler
FACEBOOK fb.com/elvira.zeissler

EVA MARIA NIELSEN

WEBSEITE www.lektoratderrotefaden.de | www.annkristinvinterberg.de
INSTAGRAM @evamaria.nielsen | @annkristin.vinterberg
FACEBOOK fb.com/LektoratDerRoteFaden/
fb.com/annkristinvinterberg/

FRANZ GRIESER

WEBSEITE www.der-schreib-coach.de

HANNAH SIEBERN

WEBSEITE	www.hannahsiebern.de
INSTAGRAM	@hannahsiebern
FACEBOOK	fb.com/HSiebern

HELEN SCHMIDT

WEBSEITE	www.buchvermarktung.de | www.onlinebuchmesse.de
INSTAGRAM	@Buchvermarktung | @Onlinebuchmesse
FACEBOOK	fb.com/Buchvermarktung | fb.com/onlinebuchmesse

JENNIFER B. WIND

WEBSEITE	www.jennifer-b-wind.com
INSTAGRAM	@jenniferb.wind
FACEBOOK	fb.com/jenniferbwind

JULIA K. STEIN

WEBSEITE	www.xojulia.de | www.jkstein.de
INSTAGRAM	@xojuliakstein
YOUTUBE	Julia K. Stein

JULIA LAKAEMPER

WEBSEITE	www.julia-lakaemper.com
INSTAGRAM	@julialakaemper
FACEBOOK	fb.com/juliaLakaemperCom
YOUTUBE	www.julia-lakaemper.com/youtube

LASSE ARABESTANI

WEBSEITE	www.lasse-arabestani.de
INSTAGRAM	@lasse_arabestani
FACEBOOK	fb.com/lassearabestani

LAURA KÜHBAUCH

WEBSEITE	www.tolino-media.de
INSTAGRAM	@tolino_media
FACEBOOK	fb.com/tolinomedia
TWITTER	@tolino_media

MARTA RECHUL

WEBSEITE	www.liberaudio.de
INSTAGRAM	@liberaudio
KONTAKT	info@liberaudio.de

MEI WENGEL

WEBSEITE	www.wandel.schule
INSTAGRAM	@mei.wengel.de
FACEBOOK	fb.com/meiwengelgoyburu

MELANIE WEBER-TILSE

WEBSEITE	www.weber-tilse.com
INSTAGRAM	@kittystone.autorin
FACEBOOK	fb.com/miklanie

MICHAEL TOMOFF

WEBSEITE	www.tomoff.de

MILAN GRÜNEWALD

WEBSEITE	www.buchtrailer.net	Grünewald Buchtrailer
INSTAGRAM	@buchtrailer	Schillingstr. 9, 50670 Köln
FACEBOOK	fb.com/buchtrailerspezialist	contact@buchtrailer.net
YOUTUBE	youtube.com/buchtrailernet	+49 221 63061697

MONIKA SCHULZE

WEBSEITE	www.suechtignachbuechern.de
INSTAGRAM	@suechtignachbuechern

SABRINA HEILMANN

WEBSEITE	www.sabrinaheilmannautorin.de
INSTAGRAM	@sabrinaheilmannautorin
FACEBOOK	fb.com/sabrinaheilmann.autorin

SANDY MERCIER

WEBSEITE www.schreibenumzuleben.de
INSTAGRAM @sandy_mercier_autorin
FACEBOOK fb.com/schreibenumzuleben.de

SINA MÜLLER

WEBSEITE www.sina-mueller.eu

SONIC BLUE / MARCUS MEURER

WEBSEITE www.dnxfestival.de
INSTAGRAM @marcusmeurer95
FACEBOOK fb.com/groups/dnxberlin

STEFFI BIEBER-GESKE

WEBSEITE www.buch-berlin.de | www.biber-butzemann.de
INSTAGRAM @buchberlin | @biberundbutzemann
FACEBOOK fb.com/buchberlin | fb.com/biberundbutzemann

SULTAN DENIZ

WEBSEITE www.sultandeniz.com
FACEBOOK fb.com/groups/BreatheFolgeDerMagieDeinesLebens

TANJA WAGNER

WEBSEITE www.tanja-wagner.jimdofree.com
INSTAGRAM @autorin.tanja.wagner

VERA NENTWICH

WEBSEITE www.vera-nentwich.de
INSTAGRAM @veranentwich

Die letzte Seite gehört dir

Was fällt dir als erstes ein, wenn du an DEIN Buch denkst?

Bildnachweise:

Casandra Krammer:	© www.casandrakrammer.de
Franz Grieser:	© Christian Weber, www.cw69.de
Julia Lakaemper:	© @Studio Afraz
Michael Tomoff:	© Elmar Witt